JOBERT GAIGHER
JORGE POULSEN
LUIZ SCHIAVON
NILTON CORAZZA

REVOLUCIONÁRIOS

CONCEITOS · HISTÓRIAS · FUNCIONAMENTO

OS TECLADOS QUE MUDARAM A MÚSICA PARA SEMPRE

REVOLUCIONÁRIOS
CONCEITOS
HISTÓRIAS
FUNCIONAMENTO
OS TECLADOS QUE MUDARAM A
MÚSICA PARA SEMPRE

Editor-Chefe: Eduardo Infante
Projeto Gráfico de Miolo e Capa: Nilton Corazza
Diagramação: Julio Portellada

Dados Internacionais de Catalogação na Publicação (CIP)
(Câmara Brasileira do Livro, SP, Brasil)

Revolucionários : os teclados que mudaram a música
para sempre / Jobert Gaigher...[et al.]. --
São Paulo : Prata Editora, 2019.

Outros autores: Jorge Poulsen, Luiz Schiavon,
Nilton Corazza
ISBN 978-85-86307-71-3

1. Instrumentos de teclado 2. Piano - Música
3. Sintetizador (Instrumento musical) 4. Teclado -
Música I. Gaigher, Jobert. II. Poulsen, Jorge.
III. Schiavon, Luiz. IV. Corazza, Nilton.

19-25486 CDD-786

Índices para catálogo sistemático:

1. Instrumentos de teclado : Música 786

Cibele Maria Dias - Bibliotecária - CRB-8/9427

Prata Editora e Distribuidora
www.prataeditora.com.br
facebook/prata editora

Impresso no Brasil/*Printed in Brazil*

Sumário

INTRODUÇÃO

Vintage

Dizem que a vida começa aos 40. E Nelson Rodrigues já aconselhava sabiamente à juventude de outrora: "Jovens: envelheçam! O mais rápido que puderem!". Bem, pelo menos em matéria de música, os velhinhos estão totalmente em alta. É Hammond pra cá, Fender Rhodes pra lá, Minimoog pra todo o lado! Creio que os profissionais da música são os únicos que ainda não abandonaram a ideia da válvula. O vinil voltou a ganhar espaço nas prateleiras novamente. E no universo das teclas, a síntese analógica é a bola da vez...

Embora o redescobrimento da síntese analógica aparente ser uma involução do gosto sonoro, na prática é exatamente o contrário. Os músicos, preocupados em criar sons e buscando desenvolver suas próprias assinaturas sonoras, fogem da limitação dos presets e buscam cada vez mais knobs ajustáveis em tempo real, conectados a unidades de efeito também analógicas. Nesse tipo de setup, o número de combinações é astronômico, e o músico pode contar com seu feeling para manusear os controles e "tirar o som que quer do instrumento". Outro exemplo clássico disso é a volta dos drawbars, que haviam desaparecido do mapa por décadas. Há aproximadamente 253 milhões de ajustes possíveis de som que podem ser produzidos com a combinação de nove drawbars de uma única seção de um órgão Hammond.

Neste livro, procuraremos compartilhar várias histórias sobre o desenvolvimento dessas máquinas e algumas de suas peculiaridades, curiosidades e características. O primeiro instrumento eletrônico — e, portanto, o ponto de partida dessa viagem — será o Telarmônio, ou Telharmonium. Foi criado em 1897 pelo norte-americano Thaddeus Cahills, e era como um órgão-sintetizador, construído a partir de microfones de telefones. O aparelho ocupava uma sala inteira. Serviu de inspiração para que Laurens Hammond inventasse anos depois, em 1934, os órgãos Hammond, fabricado em seguida pela Hammond Organ Company, e que se tornou muito popular nos anos 1960 e 1970 com bandas de rock e blues, especialmente o modelo B3. Independentemente de conhecer ou não o Hammond, todo mundo, definitivamente, já ouviu seu lendário som.

Vamos falar também de caras menos conhecidos, mas não menos lendários, como o Mellotron, o "pai" dos samplers atuais. No início dos anos 1960, as amostras eram gravadas analogicamente em fitas magnéticas. Ao pressionar uma tecla do Mellotron, um tecladista estava na realidade acionando o "play" em uma fita magnética com uma trilha de, digamos, um coro ou uma seção de violinos. Assim, cada uma das teclas acionava sua própria fita magnética de 8 segundos. O Mellotron não chegou a se popularizar. Além de apresentar defeitos constantemente e perder qualidade (já que tocar uma fita cassete de 8 segundos repetidamente em um loop por horas a fio, rapidamente gerava arranhões e ruídos), a utilização de fitas magnéticas, assim como das fitas cassete, caiu em desuso. Mas seu inconfundível som ficou imortalizado em diversos clássicos, como, por exemplo, o quarteto de flauta de "Strawberry Fields Forever", dos Beatles, feitos na realidade em um Mellotron. As cordas exuberantes de "Nights in White Satin" de Moody Blues, também não são reais! Bem, tecnicamente são, mas foram gravadas inicialmente como amostras e depois reproduzidas no Mellotron. "And You and I" do Yes, e "The Rain Song" do Led Zeppelin, são outros clássicos gravados com Mellotron.

E, claro, Minimoog! Embora muito já tenha sido escrito e falado sobre Bob Moog e o primeiro sintetizador portátil da história, este livro não poderia deixar de relembrar e contar histórias do monofônico que revolucionou a produção musical, abrindo espaço para uma nova era de sons texturizados e eletrônicos, marcando sobretudo gêneros como o rock progressivo nos anos 1960 e 1970, o pop e a música eletrônica. Foi também um dos primeiros teclados com a roda de modulação e o pitch-bend, agora onipresentes. E se um livro trata de Hammonds e Moogs, certamente não deixará de falar de Harold Rhodes, um professor de piano que ingressou na Força Aérea do Exército Americano durante a Segunda Guerra Mundial. Foi lá que ele, convidado a fornecer terapia musical para os feridos, acabou inventando um pequeno teclado, utilizando tubos de alumínio das asas dos bombardeiros B-17. Ao longo dos anos 1970 e 1980, o som do piano Rhodes se tornaria constante em dezenas de baladas sentimentais, funks, jazz, rock, e até na bossa nova brasileira. Os tubos criavam um som agradável, e as sessões de terapia Rhodes se tornaram conhecidas. Logo ele começou a fabricar uma versão maior e com melhorias. Posteriormente, o projeto foi comprado pela Fender e, por isso, as pessoas passaram a chamá-lo de Fender Rhodes.

E há também o Vox Continental, uma lenda cujo som fala mais que qualquer palavra. O instrumento ficou fortemente associado com o rock and roll dos anos 1960, pois foi usado por artistas como Alan Price, do The Animals, Mike Smith, do The Dave Clark Five, e Ray Manzarek, do The Doors. Outra lenda do mundo órgão-rock é a Farfisa que começou a fabricar órgãos eletrônicos em 1964, em Ancona, Itália. A distribuição nos Estados Unidos foi feita pelo Chicago Musical Instrument Co., que também era dono da Gibson, e os instrumentos foram originalmente conhecidos como órgãos CMI quando introduzidos. Ao contrário de outros órgãos combos, tais como o Vox Continental, os Farfisa tinham as "pernas" integradas, que podiam ser dobradas para cima e armazenados dentro de sua base. Os primeiros modelos a serem produzidos foram da série Compact de órgãos, entre 1964 e 1968. Os FASA (Farfisa All-Silicon transistorizados) foram lançados em 1968, durante a NAMM show, e a produção da série Profissional aconteceu mais ou menos ao mesmo tempo. A produção de combos terminou no final da década de 1970 quando os sintetizadores haviam se tornado mais comuns.

O músico que escreveu o riff de órgão para o Procol Harum, em 1967, é Matthew Fisher. O riff é tão emblemático que a Câmara dos Lordes da Inglaterra concedeu ao organista o direito aos royalties na execução. Em outras palavras, o organista ganhou status de coautor – decisão mais do que justa, afinal esse riff se tornou parte da trilha sonora da segunda metade do século 20, e seguramente, foi um dos solos que mais contribuíram para a imortalização do som do Hammond.

PARA OUVIR

PROCOL HARUM
"A Whiter Shade Of Pale"

Então, era a vez dos novos Juno e Jupiter, com seus recursos MIDI, do Oberheim, do Poly-800, DX-7 e M1. Para poucos, muito poucos, era também a vez de Synclavier, um sintetizador e sampler, lançado originalmente em 1978, e que fez a cabeça de diversos produtores musicais por causa de sua versatilidade, seu som distinto e a tecnologia totalmente inovadora para a época. Seu preço, no entanto, era extremamente alto, e somente um grupo seleto de artistas notórios teve o privilégio de operá-lo. A introdução de "Beat It", de Michael Jackson, é um dos clássicos que trazem o som do Synclavier.

Quando a maioria de nós começou a tocar com bandas, com uns 12 anos de idade apenas, tudo era escasso e limitado, exceto a paixão pela música. Melhor dizendo, a grana era escassa, e consequentemente, o equipamento era bem limitado. Naquele tempo, nem sonhávamos em ter acesso a equipamentos importados e o jeito era nos virarmos com o que havia. Eis que, hoje, existem instrumentos virtuais e controladores MIDI repletos de knobs endereçáveis que permitem a brincadeira novamente. E uma questão interessante é que a evolução da emulação de teclados retrô chegou a tal ponto de sofisticação que os desenvolvedores se preocupam em entregar inclusive os "defeitos" e "inconsistências" dos instrumentos clássicos originais.

CAPÍTULO 1
As máquinas de fazer timbres

Sintetizadores são aparatos eletrônicos capazes de produzir uma grande variedade de sons – como o de um instrumento acústico, uma voz, um helicóptero, um carro ou um cão latindo – inclusive os que não ocorrem no mundo natural, capacidade exclusiva que faz dele uma ferramenta musical única.

As polêmicas envolvendo sintetizadores continuam até hoje. Inclusive em relação à sua própria definição. Afinal, o que é exatamente um sintetizador? Aliás, podemos denominar facilmente pianistas, guitarristas, organistas, harpistas etc, mas não podemos sair por aí falando "sintetizadoristas". "Tecladista" é uma terminologia muito genérica e, cá entre nós, quem toca sintetizadores passa mais tempo mexendo em botões do que em teclas. Definitivamente, tecladista não serve. Fica aqui o protesto! Afinal, isso pode até traumatizar. E em alguns casos, para sermos mais precisos, teríamos que considerar inclusive hammondistas, minimooguistas, e certamente, oberheimnistas. Usaremos, por falta de denominação melhor, "sintetista".

Por outo lado, existe atualmente todo tipo de sintetizadores que se possa imaginar, com e sem teclas (guitarras, baterias, instrumentos de sopro, softwares e apps com novas interfaces, sem teclas e sem cordas etc). Mas, quando se fala em sintetizadores, as teclas imediatamente veem à mente. Nós, tecladistas, nos apropriamos dos sintetizadores. Temos esse sentimento, lá no fundo, de que o mundo dos osciladores, filtros, LFOs e ADSRs são nossos. E a maioria dos músicos acabou concordando com isso. E, tirando alguns "sintetistas", a maioria das pessoas, músicos ou não, continua ainda a não ter a menor ideia do que é um sintetizador.

De acordo com o Dicionário inFormal (SP), o significado de sintetizar é: condensar, resumir, sumarizar, compendiar, juntar — "Uma das funções do fígado é sintetizar diversas proteínas presentes no sangue".

Na acústica, de modo geral, pode-se dizer que o sintetizador é um instrumento eletrônico (hardware ou software) constituído por diferentes módulos (osciladores, filtros, amplificadores, LFO, etc.) que interatuam em conjunto para produzir um som. O som é, portanto, produzido a partir da síntese dos diversos parâmetros utilizados em cada um desses módulos. Para gerar ou moldar os sons, um sintetizador analógico combina circuitos controlados unicamente por tensão elétrica, e a síntese analógica de sons baseia-se na manipulação dos sinais emitidos por esses circuitos.

Os sintetizadores se distinguem pela enorme capacidade de gerar praticamente qualquer tipo de som imaginável ou não, desde imitar com precisão o som de um instrumento acústico, uma voz, um helicóptero, um carro, ou um cão latindo, e melhor de tudo, também possuem a capacidade singular de produzir sons que não ocorrem no mundo natural, aptidão exclusiva que faz do sintetizador uma ferramenta musical única.

Origens

Por volta de 1900, foram inventados os primeiros instrumentos eletrônicos, precursores dos sintetizadores modernos. Como vimos, um sintetizador é constituído por diferentes módulos que interatuam em conjunto para produzir um som. O telarmônio, ou telharmonium, criado em 1897 pelo norte-americano Thaddeus Cahill a partir de microfones de telefones, é considerado o avô dos sintetizadores atuais. Foi, verdadeiramente, o primeiro instrumento de peso (em todos os sentidos). Não por acaso, o telarmônio era também um instrumento eletrônico de teclas. É citado praticamente em todas as histórias sobre o sintetizador. Era uma espécie de sintetizador aditivo. Para entender síntese aditiva, pense nos órgãos de tubos, em que o som final é o somatório de vários sons, provenientes de diferentes tubos, conforme a seleção de determinados registos. Aliás, o telarmônio usava tonewheel para gerar sons musicais, e foi também inspiração para o aparecimento dos órgãos Hammond anos depois.

No início do século 20, os sintetizadores eram enormes, caros, complicados, delicados, e por tudo isso, não eram ideais para performances ao vivo. Antes da década de 1920, não havia nenhuma maneira de amplificar sinais elétricos. A ideia de Thaddeus Cahill era ambiciosa. Ele sabia que se conseguisse gerar um sinal elétrico grande o suficiente para amplificar um sinal qualquer e conduzisse esse sinal para um cone (muito parecido com um cone de gramofone) no lugar do receptor do telefone, ele poderia transmitir música através do telefone que poderia ser ouvida por uma plateia. Ele imaginou que, se pudesse enviar a música através do telefone no volume adequado, ele poderia montar um negócio de fornecimento de música para hotéis, restaurantes e domicílios.

O sintetizador de Thaddeus Cahill pesava mais de 200 toneladas e eram necessários 30 vagões de trem para ser transportado. Por essa e outras razões, não deu muito certo, pelo menos do ponto de vista comercial. Mas foi a primeira semente de um instrumento que revolucionaria a música do século 20.

Alguns anos se passaram e essa ideia ficou adormecida, até que, na década de 1960, o aparecimento dos transístores permitiu que o Dr. Robert Moog projetasse um sintetizador analógico infinitamente mais leve e compacto, o que finalmente possibilitou sua produção em série e comercialização em massa. E, desta vez, com uma finalidade totalmente musical. Se apresentava como uma nova ferramenta para fazer música, uma nova concepção de instrumento musical, imediatamente amada por muitos e odiada por tantos outros, como toda novidade impactante.

O sistema modular revolucionário e inovador de Moog consiste de um número de diferentes módulos de circuitos controlados por tensão elétrica capazes de gerar ou manipular sons. Esses módulos eram montados em um armário e conectados em um único teclado. A popularização desse tipo de instrumento aconteceria a partir da década de 1970, com a invenção do Minimoog, que foi concebido para incluir as partes mais importantes de um sintetizador modular em um pacote compacto e mais acessível. O Minimoog acabou estabelecendo um padrão que se tornaria a base dos sintetizadores contemporâneos. Diferentemente do telarmônio, o Minimoog e todos os sintetizadores analógicos são sintetizadores subtrativos. Na síntese subtrativa, assim como o nome diz — ao contrário da síntese aditiva —, osciladores e geradores de ruído produzem ondas complexas e filtros são utilizados para moldar essas ondas, subtraindo certas frequências e harmônicos. Finalmente o sinal é enviado ao amplificador. O timbre final é o resultado desse processo.

Presets?

Um dos pontos fundamentais que permitiu o sucesso de modelos de sintetizadores foi a facilidade de salvar a programação em patches de memória. Isso tornou possível não apenas armazenar os sons criados para utilização futura, mas alternar entre os sons programados com apenas um toque. Não era mais uma questão de experimentalismo. Os tecladistas e programadores agora passavam horas, e até dias, ajustando cuidadosamente os controles em busca de um timbre perfeito, e quando encontravam, bastava salvar a posição dos controles em um patch de memória. Por outro lado, essa invenção acabou criando uma geração de tecladistas um tanto quanto preguiçosa. Por encontrarem os sons prontos em patches que vinham de fábrica, passaram a se preocupar menos com a compreensão do processo de construção do som e acabaram se tornando escravos dos presets. Mesmo passadas mais de quatro décadas desde o lançamento dos primeiros sintetizadores Moog, existe ainda hoje, infelizmente, uma quantidade considerável de tecladistas — alguns profissionais, que inclusive utilizam sintetizadores em seus trabalhos — que entra em pânico ao ouvir palavras como osciladores, filtros, LFO, ADSR, síntese subtrativa, vozes, FM, Wavetable, sample, e todas as terminologias utilizadas no cotidiano desse instrumento. A síntese continua sendo um tabu. Por isso, é necessária uma pequena explanação sobre o funcionamento básico dos sintetizadores analógicos.

Síntese sonora

A síntese sonora pode ser definida como a produção eletrônica de sons, a partir de suas propriedades básicas, como os tons sinusoidais e outras ondas simples.

Qual tipo de síntese soa melhor? Esta é uma das perguntas mais frequentes sobre sintetizadores. É comum dizer que áudio é como comida: depende do gosto de cada um. Mas, além do gosto, conta também o tipo de música ou a proposta de uma produção. Um sintetizador digital pode soar horrível ou muito mais interessante que um analógico, dependendo do tipo de som que o músico está procurando.

Tanto digitais quanto analógicos têm pontos fortes e fracos, e simplesmente não faz sentido compará-los diretamente. Por exemplo, se o músico está buscando um som com um caráter verdadeiramente vintage, com tons naturalmente instáveis, ou, de alguma maneira, com parâmetros meio descontrolados que apresentem flutuação, os instrumentos analógicos levarão vantagem. Por outro lado, se está buscando a emulação de um instrumento acústico ou novos timbres e texturas, o sintetizador digital é o caminho indicado.

Há também outras vantagens encontradas nas versões digitais. Por exemplo, o músico terá acesso aos parâmetros não tradicionais, incluindo diversas opções de controle MIDI, métodos de síntese (FM) e projetos de componentes analógicos modelados a partir de algoritmos, que seriam praticamente impossíveis ou inviáveis de serem construídos no domínio analógico. Isso sem contar a enorme facilidade de salvar os timbres em bancos de presets, o que não era possível nos analógicos retrôs.

Sintetizador analógico

Para gerar ou moldar os sons, um sintetizador analógico combina circuitos controlados por tensão elétrica, tais como osciladores, filtros e amplificadores. E a síntese analógica de sons baseia-se na manipulação dos sinais emitidos por esses circuitos. No início, os sintetizadores modulares eram enormes, caros, complicados, delicados, e por tudo isso, não eram ideais para performances ao vivo. A popularização desse tipo de instrumento aconteceria a partir da década de 1970, com a invenção do Minimoog, que foi concebido para incluir as partes mais importantes de um sintetizador modular em um pacote compacto e mais acessível. O Minimoog acabou estabelecendo um padrão que se tornaria a base dos sintetizadores contemporâneos.

Nos sintetizadores analógicos encontraremos osciladores totalmente analógicos, ou seja, controlados unicamente por tensão elétrica. Por isso, também recebem o nome de VCO – Voltage Controlled Oscillator. Em resumo, o oscilador é o principal gerador do som. É o oscilador que gera o sinal básico nesse tipo de sintetizador, ou seja, sem osciladores, um sintetizador subtrativo não produz nenhum som.

Em seguida, entra em ação o filtro, que nos analógicos também é controlado por tensão, recebendo o nome de VCF – Voltage Controlled Filter. Um filtro é utilizado para remover frequências da forma de onda original, de modo a alterar o sinal básico e, por consequência, o timbre, filtrando (removendo) porções do espectro de frequência. Existem inúmeros tipos de filtro, mas podemos dizer que os mais comuns são Low Pass (LPF), High-Pass (HPF), Cut-Off, Response e Resonance.

O componente de base final é o amplificador controlado por voltagem (VCA – Voltage Controlled Amplifier). Como o nome já denuncia, o amplificador é o componente que amplifica o sinal e é usado para ajustar o sinal filtrado. O VCA é manipulado por meio de um controle de tensão (CV – Control Voltage) e determina a intensidade do sinal emitido. É na seção do amplificador que se encontram os envelopes, abreviados como EG, ENV ou simplesmente ADSR (acrônimo para Attack, Decay, Sustain, Release). São utilizados para controlar o nível do sinal ao longo do tempo, fornecendo controles de nível para o ataque, decaimento, sustentação e repouso.

Sintetizador digital

Em um sintetizador digital, o fluxo de sinal é digital. Descrições binárias do sinal de áudio em uma série de uns e zeros são alimentadas a partir de um algoritmo para outro. A maioria dos componentes dos sintetizadores analógicos são copiados e emulados por correspondentes digitais. Os osciladores controlados digitalmente (DCO), por exemplo, podem executar as mesmas tarefas do VCO.

Sintetizadores "analógicos virtuais"

Um teclado é um "analógico virtual" quando é projetado para emular digitalmente os circuitos analógicos, ou seja, uma simulação via software do comportamento dos circuitos analógicos utilizados na construção dos vintage originais. Isso resulta em um som muito parecido ao dos originais, reproduzindo virtualmente inclusive algumas instabilidades analógicas, como flutuação de pitch, um conhecido problema dos osciladores analógicos.

Componentes básicos de um sintetizador subtrativo

Não custa repetir que a maioria dos modelos dos sintetizadores disponíveis (e todos os analógicos) se enquadram dentro de uma arquitetura similar, que se baseia nos princípios da síntese subtrativa, em que, fundamentalmente, o fluxo de sinal obedece ao seguinte caminho:

OSCILADOR > FILTRO > AMPLIFICADOR

Os sintetizadores digitais ou híbridos oferecem também outros métodos de síntese de som, como por exemplo, a modulação por frequência (FM), a síntese de amostras (sample) ou, ainda, a síntese aditiva, entre outras abordagens.

Osciladores

Em resumo, o oscilador é o principal gerador do som. Os primeiros sintetizadores tinham osciladores totalmente analógicos (VCO, oscilador controlado por tensão). O VCO determina a frequência de oscilação e é controlado por meio da alteração da tensão de entrada CC. Mais tarde, sintetizadores ganharam osciladores analógicos controlados digitalmente (DCO, oscilador controlado digitalmente). É o oscilador que gera o sinal básico nesse tipo de sintetizador, ou seja, sem osciladores um sintetizador subtrativo não produz som algum. Em sua grande maioria, os sintetizadores oferecem mais de um oscilador, que produzem formas de ondas ricas em harmônicos.

As ondas mais comuns são a senoidal (ou sine wave), a quadrada (ou square wave), a de dente-de-serra (ou sawtooth wave) e a em forma de triângulo (ou triangle wave).

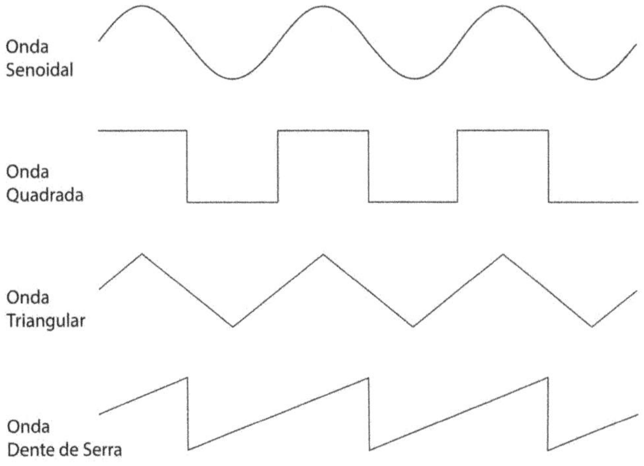

Filtros

Um filtro é utilizado para remover frequências da forma de onda original, de modo a alterar o sinal básico e, por consequência, o timbre, filtrando (removendo) porções do espectro de frequência. Muitos sintetizadores oferecem um único filtro, que é aplicado a todos os sinais providos pelos osciladores.

Sintetizadores multioscillator podem apresentar também múltiplos filtros, permitindo que cada sinal de oscilador seja filtrado de maneira diferente. Os modelos analógicos originais possuíam filtros analógicos (VCF, filtro controlado por tensão), mas, logo surgiram os filtros controlados por meio digital (DCF, filtro controlado digitalmente). Existem inúmeros tipos de filtro, mas pode-se dizer que os mais comum são Low Pass (LPF) , High-Pass (HPF), Cut-Off, Response e Resonance.

Amplificadores e envelopes

Como o nome já denuncia, o amplificador robustece o sinal e é usado para ajustar o sinal filtrado. Os primeiros sintetizadores possuíam amplificadores totalmente analógicos (VCA, amplificador controlado por tensão), e posteriormente foram introduzidos os amplificadores controlados digitalmente (DCA, amplificador controlado digitalmente).

É na seção do amplificador que se encontram os envelopes, abreviados como EG, ENV ou simplesmente ADSR. São utilizados para controlar o nível do sinal ao longo do tempo, fornecendo controles de nível para o ataque, decaimento, sustentação e repouso.

Modulação e controles globais

Além de oscilador, filtro e amplificador, há também outros componentes que atuam na síntese sonora e que estão presentes na quase totalidade dos sintetizadores existentes. Entre eles, por exemplo, há um tipo especial de oscilador que funciona em baixas frequências (até cerca de 20 Hz, abaixo do limite da audição do ser humano) denominado LFO (oscilador de baixa frequência). É utilizado para criar vibrato ou tremolo. O LFO pode, por exemplo, modular o oscilador principal (VCO/DCO), para criar pulsações ou vibrato, ou o amplificador (VCA/DCA), para criar um efeito de tremolo. É muito comum que o LFO em funcionamento seja controlado por uma roda de modulação presente perto das teclas.

Outros controles típicos de um sintetizador são os chamados controles globais (Global Control), e afetam as características gerais do som, como a reprodução monofônica ou polifônica, portamento ou glide, arpegiador, pitch bend e muito mais.

CAPÍTULO 2

MIDI

Exemplo eficaz do poder do "código aberto", o protocolo mudou radicalmente a forma como criamos, gravamos, executamos, ensinamos, aprendemos e apreciamos música.

Durante os anos finais da década de 1970 e o início dos anos 1980, os sintetizadores experimentaram um "boom" de popularidade, e parecia que, todo dia, algum fabricante lançava um novo modelo. Enquanto no estúdio os tecladistas usavam sons de vários instrumentos em uma única produção, gravando cada um separadamente, no palco estavam limitados a utilizarem apenas dois teclados ao mesmo tempo: um com a mão direita e outro com a esquerda. Como esses instrumentos eram totalmente eletrônicos, logo surgiu a ideia de conectá-los entre si, para que fosse possível tocar um teclado a partir de outro, ou dois ou mais teclados ao mesmo tempo, para criar timbres mais complexos.

Os sintetizadores (e sequencers) foram inicialmente conectados por meio de cabos patch, enviando sinais CV e Trigger. O problema com essas conexões é que, além de serem monofônicas, eram pouco confiáveis. Para piorar, se o músico quisesse que seus instrumentos fossem totalmente compatíveis, precisava comprá-los todos de um mesmo fabricante, sendo quase impossível a conexão de sintetizadores de diferentes marcas.

Foi então que Ikutaro Kakehashi, na época Presidente da Roland Corporation e verdadeiro visionário da indústria de instrumentos, pensou: "precisamos de um padrão". O que certamente ele não imaginou, é que estava prestes a promover e participar diretamente de uma das maiores revoluções tecnológicas da história da música, um avanço que teve, talvez, impacto ainda maior sobre a música popular do que a eletrificação das guitarras ocorrida décadas antes.

O advento do protocolo padrão

MIDI é o acrônimo para Musical Instrument Digital Interface, e é definido como um padrão que descreve protocolo, interface digital e conectores que permitem a conexão e a comunicação entre uma grande variedade de instrumentos musicais eletrônicos, computadores e outros dispositivos relacionados. Pode-se dizer que é um método de criar, transportar e receber mensagens que descrevem todos os aspectos da execução musical.

Tecladistas ou aqueles que trabalham com produção musical provavelmente estão cansados de ouvir (e utilizar) o termo MIDI, e certamente estão bem familiarizados sobre o que é um controlador MIDI, nota MIDI ou arquivo MIDI.

Nos dias pré-MIDI, e muito antes da era USB, não havia nenhuma maneira realmente prática de conectar uma fonte de som a um controlador, a não ser que fossem construídos pelo mesmo fabricante e, geralmente, na mesma unidade. Em geral, os sintetizadores eram compostos por dois componentes dentro de um sistema integrado: o mecanismo de síntese de som e o controlador. O primeiro componente, o mecanismo de síntese sonora, consistia na eletrônica que realmente gerava o som. O segundo era o controlador (também chamado de interface de captura de gesto de desempenho), geralmente um teclado, que reconhecia os movimentos do músico e os analisava em termos de tensões e correntes, para que o mecanismo de síntese pudesse entender e gerar o som.

O MIDI tornou a distinção entre esses dois componentes mais explícita, e assim, essencialmente, quebrou a dependência mútua. De repente, qualquer controlador poderia dominar qualquer mecanismo de síntese, mesmo de marcas rivais, e os músicos poderiam construir sistemas a partir de componentes modulares, escolhendo dentre uma ampla gama de produtos comercialmente disponíveis. E as compras poderiam ser feitas mais livremente porque o medo da obsolescência dos consumidores eletrônicos em todos os lugares foi minimizado pela natureza universal da linguagem de controle. O advento do padrão MIDI, ao normalizar a transferência de informações musicais entre teclados de diferentes marcas, também possibilitou uma integração quase instantânea entre os primeiros softwares musicais, hardwares e sistemas operacionais. A música já não era mais a mesma: o impacto na produção musical foi simplesmente imensurável.

Atualmente, a maioria dos arranjos das produções de música pop, e praticamente todas as produções de músicas para cinema e TV são escritas e — graças aos avanços nas tecnologias de amostragem e síntese digital — muitas vezes também executadas graças ao protocolo MIDI. A orquestra que toca por trás daquele seriado da NETFLIX é provavelmente MIDI, e não uma orquestra real com dezenas de instrumentos acústicos.

Um pouco de história

Tudo começou em junho de 1981, quando o fundador da Roland, Ikutaro Kakehashi, propôs ao fundador da Oberheim Electronics, Tom Oberheim, a ideia de um protocolo de comunicação universal para todos os teclados. Tom Oberheim falou, então, com o presidente do Sequential Circuits, Dave Smith, e, em outubro de 1981, Kakehashi, Oberheim e Smith discutiram a ideia com representantes de Yamaha, Korg e Kawai. A partir da literatura existente sobre redes de computadores, Smith elaborou uma proposta inicial que apresentou à Sociedade de Engenheiros de Áudio (AES), em novembro daquele ano, o histórico artigo intitulado "Universal Synthesizer Interface". Os engenheiros e designers de sintetizadores da Sequential Circuits, especialmente Dave Smith e Chet Wood, criaram, então, a interface inicial do sintetizador universal, que permitiria a comunicação direta entre equipamentos de diferentes fabricantes.

Ao longo de dois anos, de 1981 a 1983, a maioria dos principais fabricantes colaborou no desenvolvimento da primeira versão do padrão MIDI. O protocolo foi discutido e modificado, e acabou sendo renomeado para Musical Instrument Digital Interface, ou simplesmente, MIDI. O desenvolvimento foi anunciado oficialmente ao público pelo mestre Robert Moog.

O primeiro instrumento lançado com o recurso MIDI foi o Prophet-600, da Sequential Circuits, um sintetizador de 61 teclas produzido em 1982. Mas a especificação MIDI deu as caras pela primeira vez a público durante a NAMM Show (National Association of Music Merchants) de 1983, quando Smith conectou um Roland Jupiter-6 ao seu Prophet-600 utilizando um cabo MIDI, ato que passaria para a história marcando a primeira demonstração pública do protocolo. A partir desse dia, todos os sintetizadores (e praticamente todos os instrumentos eletrônicos) incorporaram as portas MIDI. O protocolo MIDI foi um sucesso imediato, sobretudo na música eletrônica comercial. Apenas dois anos após a introdução do MIDI 1.0, Gareth Loy escreveu: "o MIDI floresceu e é agora um padrão de fato da indústria".

Os guardiões

Os primeiros dias do MIDI foram um milagre. Em uma indústria em que os segredos comerciais são zelosamente guardados a sete chaves, fabricantes que eram rivais intensos se uniram em torno dessa causa comum, pois perceberam que se o MIDI fosse bem-sucedido, isso levaria toda a indústria a um maior sucesso. E eles estavam certos. A lista de fabricantes de instrumentos musicais interessados em MIDI cresceu rapidamente e dois comitês foram criados: a Americana MMA (MIDI Manufacturers Association) e a Japonesa JMSC (Japanese MIDI Standard Commitee). O objetivo dessas duas associações é garantir a compatibilidade entre os instrumentos MIDI e melhorar seu potencial. Qualquer alteração proposta deve ser aprovada por ambas as organizações antes de ser adotada. Tanto a MMA, como a JMSC mantiveram-se em atividade constante ao longo das últimas décadas, mantendo uma coalizão de fabricantes, em sua maioria concorrentes, com um grau de sucesso que a maioria das organizações acharia impossível.

A MMA e a JMSC também ajudaram a educar os usuários sobre o MIDI, por meio de livros e materiais on-line — como "An Introduction to MIDI", da MMA — e atualizaram o padrão regularmente após sua primeira publicação. As atualizações mais notáveis foram Roland MT-32 (1987), General MIDI (1991) e GM2 (1999), Roland GS (1991) e Yamaha XG (1997-99), que adicionaram outras características ou padrões, mas geralmente sem tornar obsoletas as versões anteriores.

Para além da música

O MIDI, que nasceu para executar um simples objetivo — tocar um teclado eletrônico a partir de outro — logo se tornaria o padrão da indústria para conectar diferentes marcas de sintetizadores, baterias eletrônicas, samplers e computadores, e tornou-se um negócio anual de bilhões de dólares. Mais de três décadas depois de seus criadores terem decidido colaborar sobre uma padronização de um protocolo de comunicação digital, a tecnologia MIDI continua sendo usada por mais de 700 empresas, em uma ampla gama de dispositivos que vão de teclados eletrônicos e baterias eletrônicas a consoles de videogame e telefones celulares. No decorrer dos anos surgiram ainda, o MIDI Show Control (que executa as luzes e outros efeitos na Broadway), o MIDI Time Code, que permitem que os dados MIDI carreguem informações de sincronização SMPTE, MIDI Machine Control para integração com equipamentos de estúdio, padrões de sintonia microtonal e outros.

Atualmente, o MIDI está em toda parte. É uma parte intrínseca de processadores de sinal, guitarras, teclados, equipamentos de iluminação, máquinas de fumaça e interfaces de áudio.

Como o MIDI funciona

O Protocolo MIDI especifica que os dispositivos MIDI devem ter uma porta de entrada (MIDI IN), uma porta de saída (MIDI OUT) e, opcionalmente, uma porta de passagem (MIDI THRU). Todas as especificações elétricas dessas portas são fornecidas no protocolo, de modo que a conexão de quaisquer dois dispositivos MIDI pode ser realizada com um único cabo. A entrada MIDI IN permite que o dispositivo "entenda" mensagens no idioma eletrônico, que também fazem parte do protocolo MIDI. A porta MIDI OUT permite que o dispositivo emita tais mensagens para outros dispositivos. A porta THRU opcional permite que os dispositivos sejam "encadeados" em cascata.

Além da especificação de hardware, o protocolo MIDI fornece uma descrição das informações que são transmitidas através das portas MIDI. Os comandos MIDI consistem em um ou mais bytes de dados, e incluem dados como comandos on e off de uma nota, sincronização de relógio etc. O MIDI não emite sons. Ele transmite informações digitais chamadas "mensagens de evento." As mensagens de evento viajam por cabos DIN de cinco pinos ou, mais recentemente, cabos USB e adaptadores iOS.

Absolutamente nenhum som é enviado via MIDI, mas apenas mensagens de eventos que comandam o hardware que gera o som. O exemplo mais básico disso pode ser ilustrado considerando um teclado controlador e um módulo de som. Quando o músico pressiona uma tecla no teclado, o controlador envia uma mensagem de evento que corresponde a essa nota e diz ao módulo de som para começar a tocá-la. Quando ele solta a tecla, o controlador envia uma mensagem ao módulo para que ele pare de tocar a nota.

Naturalmente, o protocolo MIDI permite controlar muito mais do que apenas tocar e soltar uma nota. Essencialmente, uma mensagem é enviada a cada vez que alguma variável muda, seja ela note-on/off (incluindo, é claro, exatamente qual nota é), velocidade (determinada pelo quão rápido o músico acionou a tecla), aftertouch, pitchbend, pan, volume, tempo (ou BPM), modulação ou qualquer outra função MIDI controlável.

O protocolo suporta um total de 128 notas, 16 canais e 128 programas (correspondentes a patches ou mudanças de ajuste de voz ou efeito). Os sinais MIDI também incluem pulsos de relógio incorporados, que definem o andamento da faixa e permitem a sincronização básica entre os equipamentos.

SysEx

O SysEx foi uma evolução muito importante na especificação MIDI original. Enquanto as mensagens MIDI normais carregam apenas o essencial, as mensagens Exclusivas do Sistema (SysEx) permitem o envio de comandos "personalizados" para um dispositivo específico. Em um sistema, esses tipos de mensagens são endereçados a esse dispositivo específico e são ignorados por tudo, exceto pelo destinatário pretendido.

O SysEx é uma das razões que levaram o MIDI a permanecer como padrão por tanto tempo. Dar aos fabricantes uma forma de controlar parâmetros únicos para seus instrumentos deixou um grande espaço de manobra para permitir a compatibilidade entre dispositivos. Isso levou à prática comum de usar SysEx para descarregar e carregar patches (configurações de som).

Além disso, o SysEx também possibilitou o envio de comandos de controle de transporte (parar, reproduzir, rebobinar etc.) via MIDI. Dispositivos como máquinas de fita poderiam ser, a partir de então, controladas por outros dispositivos usando o padrão, que foi adequadamente referido como MIDI Machine Control (MMC). Isso foi um divisor de águas, que possibilitou entre outras coisas, que os fabricantes de sintetizadores passassem a incluir botões de reprodução, parada e gravação, bem como faders e knobs em seus dispositivos.

A evolução de uma espécie

Estranhamente, a especificação MIDI permanece ainda oficialmente na versão 1.0, apesar de aprimoramentos significativos terem sido implementados ao longo dos anos. Em um mundo em que todos são bombardeados com updates diariamente, é difícil de aceitar que ainda se utiliza a versão MIDI 1.0 desenvolvida há mais de 30 anos. Para o 30° aniversário do MIDI, a MMA (MIDI Manufacturers Association) chegou a conectar um antigo computador Commodore 64 para sequenciar o app Animoog iPad!

O padrão Midi 1.0 oferece, basicamente, dois elementos:

- Uma especificação de hardware que determina como as informações digitais devem ser transferidas;
- Uma especificação de dados que descreve o formato e o significado dos dados.

Obviamente, foram adicionadas outras funcionalidades, mas o segredo maior para que a primeira versão do MIDI continue por tanto tempo na ativa sem necessidade de update, é porque se trata de uma linguagem que expressa parâmetros musicais, e estes não mudaram muito em vários séculos. Notas ainda são notas, tempo ainda é tempo, e a música continua a ter dinâmica. As músicas começam e terminam e os instrumentos usam vibrato. Enquanto a música é feita da maneira que está sendo feita, a "linguagem" MIDI permanecerá relevante, independentemente do "recipiente" usado para transportar esses dados. No entanto, o MIDI não está parado e nem acabado. É possível descobrir o que a MMA está tramando para o futuro do MIDI visitando www.midi.org.

O computador pessoal entra no jogo

A introdução do MIDI coincidiu com o início da era do computador pessoal e as introduções de samplers e sintetizadores digitais. As possibilidades criativas trazidas pela tecnologia foram multiplicadas por mil com a chegada dos primeiros hardwares de computador compatíveis com MIDI. E isso, por si só, foi outra revolução dentro da revolução.

A principal característica do MIDI quando ele foi lançado foi sua eficiência: o protocolo permitiu que uma quantidade relativamente significativa de informações fosse transmitida usando uma pequena quantidade de dados. Dadas as limitações dos métodos de transmissão de dados digitais dos anos 1980, isso era essencial para assegurar que a reprodução do tempo musical fosse suficientemente precisa.

Essa foi, sem dúvida, uma das principais razões pelas quais o MIDI e os primeiros computadores pessoais se deram tão bem. O fato é que o MIDI utiliza pouquíssima memória. As informações enviadas entre dispositivos são agrupadas em mensagens, com palavras compostas por bits (aqueles adoráveis 1 e 0). Cada palavra em uma mensagem padrão tem dez bits: um bit definindo a palavra como status ou dados, com sete bits de informação, todos enquadrados por um bit de início e um bit de parada. Essas mensagens contêm todas as informações necessárias para um dispositivo produzir um som específico. Elas incluem tudo, desde o pitch e a velocidade até o panning e os sinais de relógio para sincronizar o tempo.

Os fabricantes adotaram rapidamente o MIDI e sua popularidade foi fortalecida pela chegada de hardwares para computador compatível com MIDI, mais notavelmente o Atari ST, lançado em 1985, considerado o primeiro computador com portas MIDI integradas. Outros computadores pessoais como o Apple II e o Commodore 64 se tornaram extremamente populares.

Com o desenvolvimento de softwares MIDI, os músicos começaram a usar computadores como ferramentas de sequenciamento e composição. Os gravadores multitrack ganhavam um novo e grande rival. Do dia para a noite, computadores invadiram estúdios de música e a indústria adotou a tecnologia digital. Desde então, o MIDI tornou-se o padrão para conectar instrumentos e computadores.

Esse foi um momento decisivo para a produção musical. A introdução do MIDI provocou uma mudança radical no modus operandi do processo de gravação, de tempo real para a integração de peças pré-programadas controladas via MIDI, muitas vezes como os componentes principais de uma gravação. Em outras palavras, isso significa que houve uma mudança importante na maneira em que muitas gravações eram feitas. Já não eram apenas a fusão de performances individuais de músicos em gravações multitrack (embora tocadas em momentos diferentes). O advento do sequencer MIDI significava que partes significativas de gravações nunca seriam "tocadas" no sentido tradicional por qualquer indivíduo.

Um exemplo famoso de aplicação MIDI é a gravação de "Private Dancer", de Tina Turner, em um dos álbuns mais vendidos da década de 1980. A parte instrumental da música foi criada quase que inteiramente em uma estação de trabalho MIDI controlada por computador.

A definição do MIDI e a evolução do áudio digital tornaram o desenvolvimento de sons puramente eletrônicos muito mais fácil. Esses sons levaram ao surgimento e rápido crescimento de estilos como o synthpop, que depois foi adotado pelo movimento New Romantic, o que permitiu que os sintetizadores praticamente dominassem o pop e o rock do início dos anos 1980. Dentre os principais representantes desses movimentos destacam-se Duran Duran, Spandau Ballet, A Flock of Seagulls, Culture Club, Talk Talk, Japan e Eurythmics. O synthpop às vezes usava sintetizadores para substituir todos os outros instrumentos, até que o estilo começou a cair de popularidade em meados da década.

O MIDI abriu uma "nova era de processamento de música", como diz o próprio Dave Smith em uma entrevista para a BBC News: "O que o MIDI fez foi permitir que os primeiros home-studios nascessem (...) os computadores eram rápidos o suficiente para serem capazes de sequenciar notas e controlar vários teclados e baterias eletrônicas ao mesmo tempo (...) Isso abriu toda uma nova indústria".

Legado

Em resumo, o MIDI abriu caminho para o desenvolvimento e a comercialização bem-sucedida de milhares de sintetizadores, e sem um padrão de comunicação compatível para dispositivos musicais eletrônicos, a música certamente não seria o que é hoje. Essa inovação continua sendo considerada por muitos como a melhoria tecnológica mais significativa na história da música contemporânea. A adaptabilidade adicional do SysEx, criando espaço de manobra para personalização de comandos e MMC, juntamente ao fato de que a teoria da música permaneceu praticamente a mesma por vários séculos, deu ao MIDI as prerrogativas necessárias para que ele se mantivesse até os dias atuais — e possivelmente futuros — como "o protocolo de comunicação digital" padrão da indústria da música.

CAPÍTULO 3

A escultura de um timbre

Algumas dicas simples e práticas para quem deseja começar a programar seus próprios sons.

Programar os próprios timbres é habilidade fundamental para qualquer tecladista. Afinal, os programas de fábrica geralmente são bem genéricos, e sempre que o músico for exercer a atividade em um âmbito mais profissional, ele terá que, no mínimo, fazer algumas alterações nos timbres originais. Não é preciso salientar que uma sonoridade errada pode comprometer a performance tanto quanto uma nota errada. Por outro lado, um timbre bem escolhido pode fazer que sua performance soe melhor ou, em outras palavras, pode fazer você tocar mais ou menos.

Não importa se é sintetizador digital ou analógico, software ou hardware, o processo é, basicamente, o mesmo. Quando você sabe como programar um teclado, você não ficará mais dependente de amigos ou programadores free lance, se sentirá muito mais seguro e tudo fará mais sentido na hora da execução. E, o mais importante, você poderá ter seus timbres exclusivos, que com o tempo poderão se tornar parte de sua assinatura musical.

Princípios ou hábitos, básicos e aconselháveis

Salve seu trabalho a cada etapa. Essa dica parece desnecessária, mas é muito comum se distrair durante uma programação e, de repente, o sistema travar e você precisar começar tudo outra vez. É um grande erro deixar para salvar só no fim do trabalho. Aliás, algumas vezes, quando trabalhamos em timbres mais complexos, é comum salvar várias versões do mesmo timbre com pequenas variações, para comparar e tomar a decisão final. Para não se confundir, você pode utilizar uma nomenclatura diferente para os timbres não definitivos, como por exemplo um sinal de * ou # na frente do nome, e números para identificar as provas. Por exemplo: *meusynth01, *meusynth0, *meusynth03, etc. Use seu sequencer para gravar um pequeno trecho MIDI para ouvir e comparar diferentes versões de programas sem se preocupar com a execução e, desse modo, dedicar 100% de sua atenção para analisar com cuidado as nuances e os detalhes de seu som. Você também pode fazer mudanças de parâmetros enquanto ouve os resultados em tempo real.

Ao programar um novo timbre, tudo ficará mais fácil se você fizer as coisas na ordem correta. No caso de programação de sons, o caminho lógico a ser seguido é o seguinte:

1. Escolha a fonte sonora;
2. Modifique a fonte original com o auxílio dos filtros;
3. Ajuste os envelopes ADSR para alterar as características de uma onda ao longo do tempo;
4. Utilize os controles de "Velocity" e "Aftertouch" para alterar as características dinâmicas de seu timbre;
5. Use os LFOs para criar pulsações;
6. Dê o toque final com a ajuda dos efeitos.

Se você compreender e seguir essa ordem de raciocínio, o processo de programação será muito mais consciente e menos confuso. É claro que, após concluir essa sequência de configurações, você poderá fazer os ajustes finos em cada uma dessas etapas novamente. Este é um processo que vai ficando mais fácil e intuitivo com a prática. Essas dicas são valiosas, mas como é quase que impossível descrever o som apenas com palavras, é a aplicação prática desses conceitos que trarão clareza na construção do timbre.

Fonte sonora

Em primeiro lugar, escolha a fonte sonora. Já comentamos anteriormente, mas não custa nada repetir: a maioria dos modelos de sintetizadores disponíveis (e todos os analógicos), se enquadram dentro de uma arquitetura similar, que se baseia nos princípios da síntese subtrativa, em que, fundamentalmente, o fluxo de sinal obedece ao seguinte caminho:

OSCILADOR > FILTROS > AMPLIFICADOR

Em resumo, o oscilador é o principal gerador do som. E ele faz exatamente o que o nome diz: provoca oscilações em uma onda, alterando sua vibração e, consequentemente, o som. O som é a maneira com que percebemos as vibrações ou oscilações de uma onda que se propaga pelo ar. Os primeiros sintetizadores tinham osciladores totalmente analógicos (VCO, oscilador controlado por tensão). Mais tarde, sintetizadores ganharam osciladores analógicos, mas controlados digitalmente (DCO, oscilador controlado digitalmente). É o oscilador que gera o sinal básico de sintetizador, ou seja, sem osciladores, um sintetizador não produz som.

Em sua maioria, os sintetizadores oferecem mais de um oscilador, que oferecem formas de ondas ricas em harmônicos. Mas praticamente todos os instrumentos musicais existentes já foram emulados a partir das ondas senoidais, ondas quadradas, ondas dente de serra, ondas triangulares e ondas de ruído. Essas são as formas de ondas (fontes sonoras) mais básicas, encontradas na maioria dos sintetizadores, e possuem esse nome de acordo com a forma que aparecem quando medidas por meio de um osciloscópio. Se você está lidando com amostras (samples), considere que cada amostra em si é uma forma de onda dentro de um oscilador. E mesmo na síntese FM, que utiliza operadores em vez de osciladores, pense em cada operador contendo dois osciladores, emitindo formas de onda senoidais combinadas.

Combine mais de um oscilador para gerar sons mais complexos. Utilize o ajuste de velocidade do oscilador para alterar o pitch, criando harmônicos, ou simplesmente altere a oitava para sons mais ricos e "gordos".

As formas de ondas básicas em um sintetizador analógico são carregadas de harmônicos, e por isso soarão com a brutalidade típica de um som inacabado. Pense na fonte sonora apenas em termos de característica fundamental, ou a "alma" do timbre. É a nossa matéria bruta. É a pedra de granito, que, para virar uma estátua, deverá ser cuidadosamente esculpida. E para iniciar esse trabalho de escultura do som, vá ao próximo passo: os filtros.

Filtros

Pense da seguinte maneira. Para que serve um filtro? Filtrar, correto? Quando passamos algo através de um filtro é porque queremos retirar algumas partes "indesejadas". É exatamente isso que os filtros de áudio fazem, e por isso a comparação com a escultura. Vamos retirar as partes que não queremos. Há, por exemplo, os filtros low pass, que deixam passar as vibrações mais baixas (graves) e cortam as mais altas (agudos); os filtros high pass, que deixam passar as vibrações mais altas (agudos) e cortam as mais baixas (graves); e os filtros band pass, que deixam passar apenas uma determinada banda ou faixa de frequência. Não subestime a capacidade de um bom filtro de áudio. Apenas com um low pass e um único oscilador, é possível transformar o som de uma onda básica dente de serra em centenas ou milhares de diferentes timbres.

Envelopes

Após aplicar um par de filtros, o seu som apenas começou a tomar forma. Agora, chegou a hora de definir o comportamento do timbre ao longo do tempo e, para isso, vamos utilizar os envelopes, que controlam a maneira como ele começa, quanto tempo continua e como ele termina. O envelope é também chamado de ADSR — que é um acrônimo inglês para Attack, Decay, Sustain e Release, mas, em português, a sigla também é válida, se usarmos os termos Ataque, Decaimento, Sustentação e Repouso da nota. Há quatro tipos básicos de envelopes nos sintetizadores: envelope dos filtros ou Filter Envelope, envelope do amplificador ou Amp Envelope, envelope de pitch ou Pitch Envelope, e há também o envelope do LFO.

Imagine como seu som deve se comportar ao longo do tempo. O ataque diz respeito ao primeiro momento do som, que se inicia no exato momento que uma tecla é acionada. Pense, por exemplo, em uma corda de guitarra sendo palhetada.

Nesse caso, no ataque, há uma explosão de frequências que se estabelece rapidamente em um tom. O envelope dos filtros deve começar bem aberto, mas cortar rapidamente as frequências mais altas. Para emular o decaimento típico do som de uma guitarra, utilize o envelope do amplificador, ou Amp envelop. Ele deve começar 100% alto e, em seguida, cair para cerca da metade por um ou dois segundos, e depois morrer. Por último, você pode ainda utilizar o envelope de pitch para provocar uma sutil variação de Pitch no som como, por exemplo, um ataque sutilmente "semitonado", muito útil para emular alguns instrumentos de sopro e cordas. Nesse caso, defina um ataque rápido e a decadência com sustain em zero no envelope de pitch.

Velocity e Aftertouch

Uma vez determinados os osciladores, filtros e envelopes, chegou a hora de pensar na velocidade e aftertoutch. Considere o som que você está fazendo. Qual será a função do aftertouch no programa? Qual a característica quando tocamos mais duro (rápido), ou mais suave (lento)? Além da variação no volume, observe atentamente em termos de diferenças de timbre. Eles deveriam ser "muito diferentes" ou apenas um pouco diferentes? Se for muito diferente, talvez seja necessário controlar a velocidade do ataque para acionar uma outra forma de onda. Essa parte pode se tornar complicada, já que, nesse caso, você terá que rever todos os passos anteriores da programação apenas para o som do ataque, e será como fazer dois programas ao mesmo tempo. É claro que quanto mais complexo for um timbre, mais parâmetros teremos que configurar. Mas não desanime! Como vimos, com o tempo e a prática, essas etapas estarão cada vez mais automáticas e fluídas.

Nesse momento, vale a pena abrir o sequenciador e gravar algumas notas com diferentes velocidades para ver se o resultado está funcionando como deveria.

Muito bem, você está quase lá. Mas, cuidado! Agora é hora de controlar a ansiedade. Sabemos que os efeitos FX são o "sonho de consumo" de qualquer sound designer, e claro que é uma parte essencial na construção do som final. Mas agora que você já chegou tão longe, não vai querer um programa de sintetizador industrial encharcado de efeitos apenas para cobrir uma falta de caráter mais genuíno, vai? Então, antes de recorrer aos efeitos finais, passe antes pelos LFOs.

LFOs

O LFO, o lendário oscilador de baixa frequência, é um modulador. Pense nisso como uma máquina de tempo, que permite alterar ritmicamente seu patch em qualquer sequência de tempo, de muito lento para muito rápido. LFOs servem para produzir vibrato e pulsações, sim, mas eles podem fazer muito mais que isso. O truque é examinar cuidadosamente o que você está tentando fazer. O que muda no decurso da reprodução de uma única nota? Volume? Pitch? Harmônicos? Isso indica para o que o LFO deve ser roteado. Você pode, por exemplo, usar LFOs lentos para modular o pan ou o volume, para obter um som mais tridimensional. Os LFOs também podem ser utilizados para causar uma variação sutil de pitch, que, quando aplicados em estéreo, com configurações ligeiramente diferentes, você pode conseguir efeitos como chorus, flange, phaser, e até mesmo um delay. De repente, você acerta a mão, e é quando poderá obter efeitos exóticos, como fazer o som pular de repente, de um lado para outro, ou da frente para trás. Quem precisa dos efeitos FX, quando se tem domínio sobre os LFOs? Com a exceção do reverb, você irá perceber que a maioria dos programas de efeitos FX fazem exatamente o que um LFO faz, mas o fazem por meio da amostragem do áudio primeiro, adicionando ruídos e sujeiras não desejadas. Faça da maneira limpa. Faça da maneira correta. Seja um programador raiz e utilize o LFO!

Efeitos

Muito bem! Você cumpriu as etapas anteriores tão bem que, ao ouvir o som, tem a sensação de que nem mesmo vai precisar dos FX. O timbre está tão bom que nem precisa de efeitos. Quando você achar isso, é por que chegou finalmente o momento de ir para os efeitos. Esta é a sua recompensa. Agora você é um programador "raiz", e pode sentir até pena dos pobres e tolos programadores "Nutella" que correram primeiro para os efeitos. Encare esta etapa como o toque final na sua obra de arte. A última reverberação. O edulcorante final. E pergunte-se, sempre: você realmente precisa disso? Se sim, quanto? Efeitos e sutileza são duas palavras que, embora não seja uma regra, costumam andar juntas, pelo menos quando falamos de timbres musicais. Pode ser um bom momento para voltar aos envelopes e ver se um tempo de liberação um pouco mais longo pode fazer o truque melhor do que um reverb, que irá certamente destruir os delicados overtones de seu programa original.

Para começar, brinque com os delays. Há diversos tipos, slap, pig-pong, echo delay. Configure com cuidado quantidade e duração, e use o sync delay quando necessário. Cuidado para não embolar o som. Se você busca um timbre musical, a dica é manter sempre, sempre (sempre!), os controles perto do zero, e o som quase totalmente seco, com só um pouquinho de molhado. Se você é daqueles que odeiam o som seco, cuidado. Volte imediatamente para os LFOs. Depois, adicione apenas uma pequena porção, "uma pitada", de reverb, mas cuidado para não adoçar demais. É uma pitadinha mesmo. Nunca mais do que dois degraus depois do zero. Seja ainda mais econômico em se tratando de sons de baixo e kick-drum.

Se você compreender e seguir os passos básicos descritos aqui, garantimos que você já estará muito à frente da maioria de tecladistas. Faça isso algumas vezes e você desenvolverá a confiança de um mestre programador, que sabe que pode obter qualquer som de qualquer sintetizador. Então, você estará apto a adentrar nos reinos superiores da psicoacústica e da exploração filosófica sonora, refletindo sobre a forma como o som nos afeta e porque, e, finalmente, conseguindo sons novos, únicos e revolucionários. As mãos, sem qualquer pensamento, encontram coisas incríveis para fazer com um som correto. Alguns timbres fazem você tocar melhor. E se você encontrar alguma combinação legal, nunca é demais lembrá-lo de salvar seu trabalho, e se for o caso, salvar duas vezes. Afinal você não vai querer perder sua obra de arte.

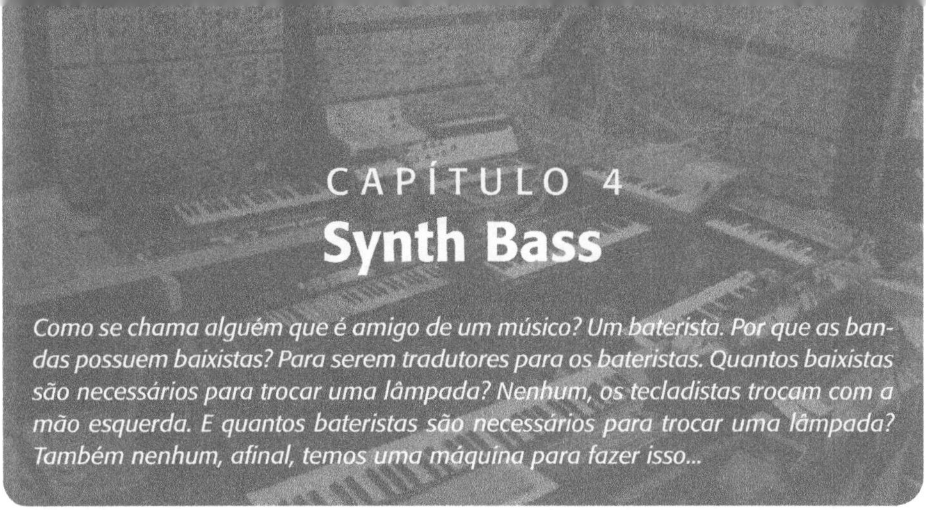

CAPÍTULO 4

Synth Bass

Como se chama alguém que é amigo de um músico? Um baterista. Por que as bandas possuem baixistas? Para serem tradutores para os bateristas. Quantos baixistas são necessários para trocar uma lâmpada? Nenhum, os tecladistas trocam com a mão esquerda. E quantos bateristas são necessários para trocar uma lâmpada? Também nenhum, afinal, temos uma máquina para fazer isso...

Quando dois ou mais tecladistas se encontram, falam de música e trocam experiências sobre equipamentos e o mercado da música, certo? Mas uma coisa que nunca falta é uma piadinha, já que somos brasileiros, "o povo mais feliz do mundo", e sabemos que se o humor não resolve por completo, pelo menos alivia. E é claro, em roda de tecladista, o que não faltam são piadas de baixistas e bateristas. É claro que isso é uma imensa sacanagem e injustiça com nossos amigos músicos. Mas também há algumas histórias que parecem piada, mas, na verdade, aconteceram.

Na década de 1950, o advento do teclado de repetição de fitas Chamberlin representou uma ameaça direta à Federação Americana de Músicos. Do dia para a noite, os sons sintetizados de dezenas de instrumentos foram colocados ao alcance de um único tecladista. Quem iria querer contratar uma banda de cinco músicos quando poderia pagar um único cachê para um tecladista perito em Chamberlin reproduzir "o mesmo som"? Pois, diante disso, a Federação Americana de Músicos, além de banir o Chamberlin de todos os salões alugados para coquetéis, ordenou que todos os tecladistas desse instrumento recebessem o cachê de três músicos.

Bem, por sorte dos baixistas e dos bateristas, já ficou mais do que provado que jamais uma máquina será capaz de substituir um músico de verdade, mas a tecnologia é algo que evolui passo a passo com a música. A grande sacada do sintetizador não é sua capacidade "limitada" de imitar os sons de outros instrumentos acústicos, mas sobretudo, sua capacidade quase que "ilimitada" para criar sons e texturas.

Durante as décadas de 1960 e 1970, vários músicos perceberam esse poder. Nessa época surgiram alguns sons que praticamente definiram novos gêneros e estilos musicais. Em particular — para a tristeza dos amigos baixistas — surgiu o "synth bass", que se tornou intrinsecamente ligado a diversos estilos, sobretudo na música eletrônica, mas também no pop, no rock e em outros gêneros. Seja ele analógico ou digital, o synth bass, por si só, pode definir totalmente a groove de uma trilha.

História

Um dos primeiros instrumentos que podemos chamar de "baixo de teclas", ou keyboard-bass, foi o Fender Rhodes piano-bass de 1960. O piano-bass era essencialmente um piano elétrico contendo a mesma tessitura de um contrabaixo, e foi pensado justamente para ser usado para executar as linhas desse instrumento. Podia ser colocado no topo de um piano ou órgão, ou montado sobre um suporte. Tecladistas como Ray Manzarek, do The Doors, utilizava seu piano-bass Fender Rhodes em cima de seu órgão Vox Continental ou do Gibson G101.

No mesmo período, a Hohner da Alemanha introduziu seu baixo de teclas puramente eletrônico, o Basset, que tinha um teclado de duas oitavas e controles rudimentares, permitindo a alternância de um som de tuba ou de um baixo de cordas. O Basset foi oportunamente substituído pelo Bass 2 e, em meados da década de 1970, pelo Bass 3. Todos os três eram transistorizados.

Na década de 1970, surgiram as pedaleiras synth bass, como o Moog Taurus. Basicamente, eram teclados que possuíam pedais no lugar das teclas, e eram operados por músicos que usavam seus pés para tocar as linhas de baixo. Músicos como Mike Rutherford, do Genesis, Chris Squire, do YES, John Paul Jones, do Led Zeppelin, Geddy Lee, do Rush, e Sting, do The Police, foram alguns que usaram pedaleiras para tocar linhas de baixo.

Durante os anos 1990 e 2000, surgiram os softwares de sintetizadores analógicos virtuais, os virtual analog synths, e vários teclados controladores MIDI (sobretudo os modelos de 25 notas) foram utilizados para tocar a linha de baixo de muitos sons da música pop, rap, modern R&B, e principalmente nos estilos eletrônicos, como house, trance e D&B. Os sons de synth bass formam a base de praticamente todos os hits da dance music.

Construindo o som de Synth Bass

Atualmente, qualquer sintetizador vem carregado com inúmeros timbres predefinidos de todos os tipos, incluindo uma infinidade de sons de synth bass. Mas se você quiser que o seu som tenha um caráter verdadeiramente único, inevitavelmente terá que colocar a mão na massa e precisará programar o seu próprio synth bass. Há infinitas maneiras de criar sons de synth bass, e é claro que não temos aqui a intenção de incluir todas as técnicas úteis possíveis. No entanto, sobretudo se você está apenas começando no mundo da programação de sintetizadores, estas dicas podem diminuir sua curva de aprendizagem e ajudá-lo a entender um pouco mais sobre o funcionamento dos diferentes componentes do sintetizador, e como alguns artistas utilizaram esses recursos para criar sons que mudaram os destinos da música moderna.

Escolha os osciladores

Os pontos de partida para a construção da grande maioria dos tons de synth bass são as formas de onda simples que podem ser encontradas em praticamente todos os synths analógicos. Essas formas de ondas são na realidade compostas de muitos harmônicos, de diferentes frequências. Isto significa que algumas são "mais ricas" harmonicamente do que as outras, tornando-as mais brilhantes e, também, mais adequadas para serem tocadas em camadas com outros osciladores e pitch. A ordem de "riqueza harmônica", partindo do mais simples para o mais complexo é a seguinte: Sine, Triângulo, Square e Saw.

A onda senoidal, ao contrário das outras, é formada por apenas um único harmônico simples e fundamental. Por esta razão, é ótima para sons mais simples, limpos e minimalistas, ou, podem também ser muito úteis para reforçar outros osciladores com frequências 'sub'. Note que, com exceção da redução do volume em determinadas frequências, os filtros não produzem qualquer efeito sobre ondas senoidais. Se você quer um som mais simples, mais suave, escolha uma onda simples. Por outro lado, se você busca um som de synth bass mais brilhante, opte por ondas mais complexas. Por causa de seus harmônicos ricos, as ondas dente-de-serra e quadrada também trabalham muito bem em conjunto, em camadas, para criar timbres mais dramáticos.

Detune

Uma das técnicas mais comuns para construir timbres de synth bass graves mais espessos em sintetizadores multioscilador, é utilizar vários osciladores e usar um pouco de detune (desafinação) para alterar o pitch de alguns deles.

Modulação

Uma das coisas mais difíceis de conseguir ao programar timbres de synth bass é criar uma sensação de movimento dentro do som. É por isso que a utilização de vários osciladores com o detune funciona tão bem. A diferença de fase dá essa sensação de deslocamento, de instabilidade e, consequentemente, de movimento. Outra maneira de fazer isso é usando o LFO. Quem cria sons de baixo para dubstep ou drum and bass, sabe que isso é praticamente essencial.

Bass Synth Squelch

Se quiser o clássico Bass Synth Squelch, a chave para alcançá-lo é usando ressonância. Use um som com formas de onda complexas para melhor efeito. Ajuste o filtro de corte para low e aumente a ressonância. Module o cut-off com um LFO e você deve começar a ouvir o som de Bass Synth Squelch. Você também pode usar um envelope, definindo, por exemplo, um tempo de ataque rápido para um som de Minimoog bass.

Obviamente, jamais um robô ou uma máquina poderá substituir um músico de uma banda de jazz, de blues, de rock ou de samba, seja baixista, baterista, tecladista etc, assim como jamais substituirá um músico de concerto ou um percussionista afro-brasileiro. A música é algo infinito e, portanto, com infinito espaço para o novo, sempre. Este é o caso do synth bass. O importante não é o meio, mas o resultado, e temos que reconhecer que, no mínimo, uma linha de synth bass precisou ser composta e cuidadosamente sequenciada. E isso sempre será feito por um músico.

Funk

Há muitos tipos diferentes de sons de synth bass apropriados para o funk, mas três se destacam de maneira especial. O primeiro é o suave e profundo Minimoog, utilizado em músicas como "Superstition", de Stevie Wonder.

Para construir um som próximo, utilize um par de ondas dente-de-serra e uma onda triangular ligeiramente "desafinada" com o detune e com ataque médio, decaimento médio e sustentação longa no envelope de filtro e ataque rápido, decaimento médio, liberação rápida e sustentação longa no envelope do amp. Defina um dos osciladores para 32' e um para 16' e utilize um filtro — low filter cutoff.

O segundo tipo é um som mais robusto e brilhante usado em faixas como "Flashlight", do grupo funk Parliament. Para esse timbre, comece com duas ondas em forma de triângulo e use e abuse do LFO na roda de modulação para o efeito de vibrato.

PARA OUVIR

PARLIAMENT
"Flash Light"

Finalmente, como terceiro tipo, vale citar o synth bass da ARP Odyssey usado por não menos que o mestre Herbie Hancock. Novamente, é um som produzido por dois osciladores (experimente uma onda quadrada e uma onda dente-de-serra com uma leve desafinação com o detune) misturados com um pouco de ressonância, low-cut filter, envelope de filtro com ataque médio e envelope de amp com ataque rápido.

House Music

Os sons de synth bass em house music nos anos 1980 e 1990 foram praticamente dominados pela linha DX e o Digital FM Bass da Yamaha. O preset Solid Bass com quatro operadores do DX100, em particular, foi usado em várias faixas por causa de seu tom aveludado e cheio de graves e médio-graves. Por conta da complexidade dos sistemas operacionais dos sintetizadores FM da Yamaha na época, a maioria dos produtores utilizava presets de fábrica e, por isso, é fácil conseguir sons idênticos aos das produções originais. Mais tarde, nos anos 1990, produtores utilizavam o Korg M1 — baseado em amostras de DXs e teclados Korg — e o preset "Organ 2" tornou-se sinônimo de baixo de House Music.

PARA OUVIR

SKREAM
"Midnight Request Line"

PARA OUVIR

ALISON LIMERICK
"Where Love Lives"

R&B/neo-soul

Tons de sub-bass mais suaves são a marca registrada do R&B/neo-soul. Use uma onda senoidal ou uma triangular e misture com uma onda dente-de--serra em volume baixo com corte de inserção baixo (e sem ressonância) para um tom de synth bass suave clássico. Ao executar, tente utilizar o pitchbend e a roda de modulação para controlar a frequência de corte do filtro. Ative o modo legato para garantir transições suaves entre as notas. Alternativamente, utilize um plug-in, pedal, ou amplificador com overdrive para amplificar o seu synth.

Drum & Bass

Quando se trata de D&B, o padrão é utilizar dois ou mais osciladores para "empilhar" várias ondas (sine, triângulo, dente-de-serra ou quadrada) em conjunto, equalizando e comprimindo cada onda separadamente e, em seguida, misturando tudo com um pouco de overdrive. O resultado pode ser ressampleado e processado com flanger chorus e detune. Repita esse processo algumas vezes e construa um timbre de synth bass demolidor.

Dubstep

O synth bass no dubstep foi fortemente influenciado pela D&B e, por conta disso, segue alguns princípios muito semelhantes: ondas dente-de-serra ou sine/triangular/quadrada em camadas, comprimidas e equalizadas e, em seguida, misturadas com overdrive com a ajuda de um plug-in de distorção ou pedal de guitarra, para um som mais "crunch"- "desagradável" e agressivo. O famoso som de dubstep bass tipo "wobble" pode ser recriado a partir de ondas sine e quadradas em camadas, com um pouco de compressão, adicionando um pouco de ruído branco, ressonância e distorção/Overdrive. Em seguida, adicione um LFO sincronizado com o relógio MIDI do seu DAW e defina para "colcheias". Utilize o glide/portamento ou o pitchbend para uma transição suave entre as notas.

Acid House

O som do Acid House foi praticamente definido pela máquina de baixo analógico TB-303, da Roland. Loopings com sequenciadores de 16 passos com glides e acentos, com um teclado de uma oitava que tocava até quatro, além de um filtro de ressonância de 24dB e osciladores de ondas quadradas e de dente-de-serra, forneciam um som excepcionalmente agressivo, especialmente quando processado através de amplificadores ou pedais de guitarra.

808 STATE
"Flow Coma"

Michael Jackson

O rei do pop adorava utilizar sintetizadores em suas produções, e várias de suas faixas utilizavam o synth bass para a linha de baixo, como o som do Minimoog synth bass utilizado em "Thriller" e "P.Y.T."

PARA OUVIR

MICHAEL JACKSON
"Thriller"

CAPÍTULO 5

Synth Lead

O timbre clássico de sintetizador que teve a audácia de peitar os solos de guitarra no rock dos anos 1970 e 1980.

Quando se pensa em rock, logo vem à mente a imagem da guitarra (ou contrabaixo), e, obviamente, a lembrança dos solos imortais profetizados por lendas como Jimi Hendrix, Eddie Van Halen, Eric Clapton e muitos outros. Mas, se houve um instrumento que abalou a soberania das "guitas", foi, sem dúvida, o poderosíssimo som analógico do Synth Lead.

O Synth Lead é um timbre clássico de sintetizador, instrumento que, embora não tenha sido projetado e nem pensado para substituir guitarras, quando foi descoberto pelos tecladistas, estes logo tiveram a ideia de utilizá-lo para tirar os holofotes dos guitarristas. E isso funcionou muito bem! A novidade levou os fãs ao delírio e, rapidamente, vários artistas e bandas seguiram a nova onda. Na música popular, o Synth Lead é o som quase oficial dos solos de sintetizador, seja na intro, no meio ou no final de uma canção. Ou nas três partes. Foi amplamente empregado no rock desde os anos 1970 e, após 1980, inúmeros aristas utilizaram as vantagens dos solos de Synth Lead para criar um gancho musical e manter o interesse dos ouvintes ao longo da canção.

Monofônico na origem

Uma das principais características do Synth Lead é que, em sua origem, é um timbre monofônico, limitação herdada dos primeiros sintetizadores analógicos que, por isso, são perfeitos para linhas de baixo eletrônico (Synth Bass), solos rápidos, melodias e efeitos. Portanto, esqueça, a priori, o Synth Lead para tocar harmonias — a menos que você pretenda utilizar synths modernos que oferecem a opção de Leads polifônicos, mas isso custaria a originalidade.

O som básico

Um som básico de Synth Lead é um dos timbres mais simples e fáceis de programar. Basta selecionar um oscilador, soltar um(s) filtro(s), e mandar bala. Geralmente, possuem um som brilhante com ataque rápido, como em uma guitarra, mas você pode sustentar esse som de forma constante. E essa é uma característica que a guitarra, naturalmente, não faz. Alguns synths multiosciladores também têm capacidades de harmonização, possibilitando uma nova maneira de solar rápido com intervalos.

Para um som de Synth Bass analógico, pegue o som descrito acima e diminua o pitch (tom) do sintetizador uma oitava abaixo. Configure os filtros para adicionar um elemento percussivo definindo um ataque rápido (mas não muito), e sustentação e decay curtos.

A base desse tipo de som é uma onda quadrada. Lembre-se de que quando uma onda senoidal é amplificada até saturar ("overdrive"), o resultado é uma onda quadrada. Isso é o que acontece, por exemplo, em um amplificador de guitarra.

Em um multioscilador, você também pode misturar um oscilador de dente-de-serra com um oscilador de pulso na mesma oitava, com um detuning bem sutil. Abra o filtro entre 60 e 80 por cento, com pouca ou nenhuma profundidade de ressonância ou envelope, e utilize um ataque rápido básico, sustentação total e liberação (decay) rápida. É muito importante que haja um ataque bem duro e percussivo, inclusive, em certos casos, até algum tipo de ruído (slap) no início do som, como se fosse o ruído de uma palheta.

Para Synth Leads, dê preferência ao delay, seja slap-back mais rápido e seco, ou tape-delay sincronizado para efeitos de delays mais longos.

Pitch bend

O pitch bend desempenha papel fundamental nos Synth Leads, sobretudo na execução de solos, e imita justamente o bend das guitarras. A técnica de bends na guitarra surgiu nos princípios do blues, que tinha como característica justamente a execução das melodias por instrumento de sopro imitando a voz humana, com uma modulação entre uma nota e outra. Desde então se tornou uma parte integrante do ato de tocar guitarra. E praticamente a mesma regra se aplica nos solos de synth lead: o pitch bend é parte integrante do som, é o que dá vida e humaniza o timbre final.

Embora o padrão para o pitch bend nos sintetizadores seja de apenas um tom, é fortemente recomendável que se altere esse parâmetro para os sons de Synth Leads, escolhendo intervalos maiores. Pode-se adotar intervalos de terça menor, ou até quarta ou quinta justa, dependendo do som que se está tocando.

Mas, para um solo de Synth Lead clássico, o mais importante mesmo, como quase sempre em matéria de música, é a técnica e a habilidade do tecladista, e não o instrumento ou o som propriamente dito.

Jan Hammer

Quando se executa com prazer um solo de Synth Lead e se liga algumas notas com o pitch bend, se deve, de certa maneira, agradecer essa técnica a um certo tecladista que praticamente definiu a arte de utilizar o sintetizador como um instrumento verdadeiramente expressivo: o gigante e genial Jan Hammer.

Para a maioria das pessoas, Hammer é conhecido por seu estilo de execução "guitarrística", ou seja, tirando um som semelhante ao da guitarra. Mas, ele também utilizava um som mais suave, geralmente descrito como "flute-synth", que é, na verdade, um som de onda quadrada mais aberta ou oca. Na verdade, quem estudar a trajetória de Jan Hammer verá que o som dele evoluiu ao longo de sua carreia.

Em geral, seus Synth Leads fortes podem ser resumidos como baseados em ondas dente-de-serra com ataque extremamente percussivo, e o seu som de synth flute com um ataque um pouco mais suave.

Como programar um Synth Lead

Como ponto de partida, deve-se configurar um som de dois osciladores com ondas dente-de-serra com um pouco de detune. Utilize um lowpass filter de 24dB-per-octave (four-pole) com o cutoff por volta de 30%. Module o cutoff com um envelope com attack instantâneo, um poco de decay e sustentação média. A quantidade de envelope que irá modular os filtros depende do gosto. Lembre-se de que isso interage com o filtro cutoff, então, experimente lentamente. O envelope de amplitude deve ter um ataque instantâneo, decay rápido, e sustentação total.

A partir desse modelo simples, é possível moldar uma série de outras variações. Mude, por exemplo, o Oscilador 2 para onda quadrada ou

50% pulso. Altere o filtro de ataque para um valor ligeiramente mais lento (não muito, uns 3-4ms), para produzir um leve chiado. Feche o cutoff do filtro completamente, aumente a ressonância e diminua o decay do filtro. Isso produz um tom bem percussivo com ressonância "clipada". Para dar mais expressão, diminua ligeiramente a velocidade do filter cutoff. Hammer teria feito isso usando um pedal.

Antes de continuar moldando o som com mais filtros, é preciso adicionar um pouco mais de agressividade. Os timbres de Hammer são todos um pouco distorcidos, com overdrive. Para isso, ele utilizava amplificadores de guitarra. Mas cuidado, afinal queremos que soe como um sintetizador, não como uma guitarra fuzz.

Para mais movimento no som, Jan Hammer usava um pouquinho de flanger em um pedal MXR. O LFO deve ser configurado com cuidado, bem lento, com pouca ou nenhuma regeneração, apenas para adicionar um ligeiro movimento ao som, sem que se torne muito perceptível. Por volta de 1976, ele começou a utilizar também o delay em seus sons, que se manteve como parte integrante de seu equipamento desde então.

Em meados da década de 1980 ele já havia trocado o Minimoog original por um Memorymoog, que lhe dava os osciladores sincronizados que ele queria, e continuou usando o flanger e os amplificadores de guitarra. No início dos anos 1990, começou a usar o Fairlight e sons amostrados. Quando apareceu no Moogfest de 2006, em Nova York, ele apresentou várias peças importantes em um Moog Voyager, mas em um de seus solos de marca registrada, tocou em um Korg Triton. Não importa o instrumento que ele toca, o som dele sempre irá soar de maneira bem característica, aquele som, o som de um verdadeiro mestre.

Jan Hammer desenvolveu um conjunto de técnicas que a maioria dos tecladistas absorveu como parte de seus próprios vocabulários. Ele praticamente reinventou o sintetizador musicalmente. O estilo de Hammer para controlar o pitch bend era magistral. Ele misturava curvas ascendentes e descendentes, com intervalos de terças ou maiores, e controlava o pich totalmente ou parcialmente para diferentes intervalos. O bend é sempre um componente natural presente em qualquer frase que ele toca. É comum ver tecladistas executando um solo totalmente concentrados nas notas e, de repente, se lembram que existe o bend e fazem movimentos tardios e desconexos. Deve-se aprender a incorporar as curvas do pitch bend como uma parte intencional da linha de melodia do solo, e praticar até que isso se torne uma segunda característica natural do som.

E não é apenas uma questão de muitas notas e ficar sempre correndo escalas para cima e para baixo do teclado. Hammer iniciava pequenos motivos baseados em poucas notas e, em seguida, misturava a ordem dessas notas, e usava o deslocamento rítmico para desenvolver essas ideias de maneira musical e atraente.

Delay

Você deve estar bastante familiarizado com o histórico solo de sintetizador de Keith Emerson em "Lucky Man" (considerado o primeiro solo de sintetizador-rock na história), ou com o solo de Tony Banks, do Genesis, em "The Cinema Show", ou, ainda, no maravilhoso solo de Rick Wright na parte VI de "Shine On You Crazy Diamond", de Pink Floyd (se não, você deveria pensar em ouvi-los o quanto antes). Então, provavelmente deve estar bastante familiarizado com a práxis de adicionar um delay tipo slap-back em sons de Synth Leads.

O estilo Herbie

O Sr. Herbert Jeffrey Hancock, ou simplesmente Herbie Hancock, um dos grandes pianistas de jazz de todos os tempos, foi um dos principais artistas a abraçar os teclados eletrônicos, desde os primeiros dias dos sintetizadores. Esse instrumento esteve presente em alguns de seus maiores sucessos, como "Chameleon", "I Thought It Was You" e "You Bet Your Love", entre outras. De maneira geral, a maioria dos solos de Synth Lead de Hancock são altamente expressivos, fazendo parecer que ele está mais emulando um instrumento de vento acústico do que uma guitarra. O uso de extremo bom gosto do vibrato no final das linhas e curvas com total sensibilidade são uma lição para todos.

"Lucky Man"

Leitores deste livro estão certamente familiarizados com a visão do enorme Moog Modular de Keith Emerson. Os mais velhos certamente poderão se lembrar como foi surpreendente ouvir aqueles timbres novos e maciços saindo do primeiro álbum do ELP, e em seguida, ver Keith

Emerson atuando em concertos e tirando aquele som daquela parafernália eletrônica. Antes de Emerson, a cena de uma banda de rock levando um sintetizador modular como instrumento principal para o palco era simplesmente inédita. Obviamente, álbuns anteriores usaram o Moog. Mas, além desses antecessores terem utilizado o equipamento, geralmente, apenas para efeitos sonoros — salvo algumas exceções, como Beatles e Monkees — foi Emerson, no entanto, quem realmente esculpiu definitivamente um espaço real para o sintetizador dentro do rock e do pop.

"Lucky Man" é uma canção da banda inglesa de rock progressivo Emerson, Lake & Palmer, do álbum de estreia do grupo, de 1970. E é o solo que a maioria das pessoas lembra quando pensa em Keith Emerson. Diz a lenda que foi Greg Lake quem trouxe a música que havia escrito quando era adolescente. Era muito diferente do resto do álbum, quase um folk song, mas a banda concordou em trabalhar no arranjo para ver o que aconteceria. Inicialmente, Emerson não tocaria nessa faixa, e nem participou das sessões de arranjo e gravação. Quando a música estava praticamente pronta, alguém sugeriu que ele tentasse adicionar um solo usando o seu novo Moog Modular. O tecladista colocou um som básico no Moog e pediu para soltarem a fita para que experimentasse algumas ideias. Lake e o produtor Eddy Offord acionaram o botão Rec com o Play, porque nunca se sabe o que vai acontecer. Então Emerson, como um warm-up, mandou ver aquele solo maravilhoso que todos conhecem, sem consciência de que estava sendo gravado. Quando terminou, disse que estava pronto para tentar uma tomada, e Lake e Offord chamaram-no para ouvir o que tinha acabado de tocar. Inicialmente, o mestre das teclas não gostou do resultado, mas foi convencido com a desculpa de que não havia mais fitas boas para novas tomadas, ou algo parecido. Emerson cedeu. E deu no que deu. Em uma entrevista em outubro de 1977, o tecladista afirmou: "I didn't think much of the solo. Honestly, it's a lot of shit. But it was just what he wanted." ("Não penso muito sobre esse solo. Honestamente, acho que é uma m... Mas era exatamente o que ele queria."). De fato, Emerson não costumava tocar o solo na música em apresentações ao vivo.

Desde o advento dos presets, praticamente todos os sintetizadores incluíram um som tentando replicar o Synth Lead de "Lucky Man". Em geral, não é um som difícil de recriar, mas o poder e a magia de amplificadores, efeitos e osciladores analógicos é quase impossível por meio de emuladores digitais. O som é simplesmente formado por três ondas quadradas, sendo duas apenas ligeiramente desafinadas (detune), e a terceira ainda mais desafinado.

O solo espetacular de Edgar Winter durante uma performance ao vivo – em um ARP 2600 pendurado feito guitarra com uma longa correia que ele usava ao pescoço em dias pré-keytar – não poderia ficar de fora de um texto sobre Synth Leads. E além de tocar um dos solos mais influentes e emblemáticos da história, considerado por muitos o melhor desempenho de sintetizador do rock, o "Mago Louco" rasga um solo de sax, faz uma groove com os filtros e efeitos e, no fim, ataca de timbaleiro. Quer mais?

EDGAR WINTER
"Frankenstein"

CAPÍTULO 6

Sampler

A caixinha de surpresas que transformou a linguagem do pop.

Sampler é um instrumento musical eletrônico ou digital, similar em alguns aspectos a um sintetizador. Usado principalmente na música eletrônica, o sampler permite que a música seja feita a partir de qualquer som gravado pelo usuário, em vez de depender de tons gerados por osciladores, chips de computador, ruído branco ou outra tecnologia de síntese.

Em vez de gerar novos sons a partir de osciladores e filtros, os samplers usam gravações de amostras (amostras = samples) de sons de instrumentos reais (piano, violino ou trompete, por exemplo), trechos de canções gravadas (um riff de guitarra ou batera de cinco segundos de uma canção funk, por exemplo) ou outros sons (buzinas de carro, sirenes, ondas do mar etc).

As amostras são carregadas ou gravadas pelo usuário ou pelo fabricante. Esses sons são então reproduzidos por meio do próprio programa de amostragem, e um controlador MIDI ou sequenciador é utilizado para executar ou compor uma música. Como essas amostras são normalmente armazenadas na memória digital, as informações podem ser rapidamente acessadas.

Uma única amostra pode muitas vezes ser pitch-shifted (transposta) para diferentes tons, assim, uma única amostra (uma nota) pode ser utilizada para compor várias escalas. Muitas vezes, os samplers oferecem filtros, unidades de efeitos, modulação via LFO e outros processos comuns a sintetizadores que permitem que o som original seja modificado de muitas maneiras diferentes.

A maioria dos samplers é polifônica — capaz de reproduzir mais de uma nota ao mesmo tempo — e multitimbral — pode reproduzir sons diferentes simultaneamente. Em termos gerais e simplistas, pode-se dizer que o sampler é, basicamente, um magnífico gravador e reprodutor de sons.

História

Os primeiros instrumentos musicais que usavam amostras foram os "teclados de reprodução de fita". O primeiro deles, o Chamberlin, foi inventado no fim da década de 1940 e envolveu um teclado de órgão controlando uma série de pequenos decks de fita, cada um com oito segundos de som gravado. Apesar das inovações de Harry Chamberlin, sua tecnologia de amostragem baseada em fita não seria popularizada até o final dos anos 1960 e início dos anos 1970, por meio do similar e mais notável desse tipo de instrumento, o Mellotron. Diz a lenda que o vendedor externo da Chamberlin na Califórnia, Bill Fransen, levou os planos do modelo para o exterior, vendendo o projeto sem conhecimento da matriz para uma empresa de Birmingham, na Inglaterra, que fabricaria o dispositivo com o nome de Mellotron, um eletromecânico polifônico, popularizado por bandas e artistas como The Beatles, Moody Blues e King Crimson.

Embora a amostragem digital tenha aparecido já na década de 1960, os primeiros modelos comercialmente disponíveis foram o Computer Music Melodian, de Harry Mendell, e o CMI (Computer Musical Instrument), da Fairlight.

Foi o Fairlight que realmente se destacou e, embora primitivo pelos padrões de hoje, foi verdadeiramente revolucionário para o tempo. Criado por Peter Vogel e Kim Ryrie, foi originalmente projetado para criar sons modelando parâmetros da forma de onda em tempo real. No entanto, seu poder de processamento foi incapaz de realizar esses feitos, então seu desenvolvedores utilizaram sons pré-gravados, o que trouxe resultados muito mais bem-sucedidos. EBN-OZN, Icehouse, Herbie Hancock, Thomas Dolby, Kate Bush, Peter Gabriel, Todd Rundgren e Duran Duran foram alguns dos primeiros na fila para adquirir o novo sampler Fairlight.

O Farilight podia rodar sons com 8 e 16 bits de profundidade, oferecendo capacidade de amostragem de até 24kHz e edição de formas de onda com uma caneta eletrônica embutida. A desvantagem era o preço — originalmente US$ 18.000 — equivalente a aproximadamente

US$ 50.000 em valores atualizados! Naturalmente, isso significava que era acessível apenas a artistas estabelecidos, e os primeiros adeptos incluíam Peter Gabriel, Thomas Dolby e Kate Bush.

Os primeiros modelos de samplers relativamente mais baratos começaram a aparecer em meados dos anos 1980. Hardwares clássicos, como o E-MU SP-1200 e o Akai S950, eram acessíveis para estúdios que não possuíam orçamentos astronômicos.

Desenvolvimento

O hip-hop foi o primeiro gênero a explorar a habilidade do sampler de reciclar ideias musicais e colocá-las em contextos inteiramente novos. O estilo vinha surgindo nas rupturas instrumentais do funk e rock desde os anos 1970, e algumas gravações da era pré-amostragem, como The Sugarhill Gang's Rapper's Delight and West Street Mob's Break Dance, usaram músicos reais repetindo riffs famosos, ou DJs (turntablists) que cortavam manualmente trechos de LPs. Com a popularização dos samplers digitais, os produtores se sentiram muito mais livres para cortar partes de outras canções e reeditá-las de novas e excitantes maneiras.

Novidades como o E-MU SP-1200, lançado em 1987, abriam novas possibilidades rítmicas, e assim, a amostragem foi crucial para o desenvolvimento do hip-hop. Criado por E-mu Systems, Inc, essa bateria eletrônica e sampler foi revolucionária. Ela dava conta, sozinha, da maior parte da produção de uma música, tornando-se um favorito dos produtores hip-hop na época. Podia usar amostras existentes ou permitia ainda gravar 10 segundos de áudio a uma taxa de amostra de 26.04Khz e em bitdepht de 12 bits. Também trazia uma saída mono mais MIDI IN/OUT/THRU.

Alguns gêneros simplesmente não existiriam hoje sem o advento do sampler, como é o caso do hardcore rave, que combinou batidas aceleradas do hip-hop com amostras de techno e vocais de house para criar um estilo de música hi-tech.

Liam Howlett e contemporâneos como Joey Beltram seriam pioneiros na técnica de reamostragem, gravando sons de sintetizadores e usando os recursos de edição e modulação de seus samplers para transformá-los em novos sons excitantes, resultando em músicas revolucionárias como "Charly", do The Prodigy.

Sequenciadores e samplers acessíveis, como o teclado workstation Roland W-30, eram uma grande novidade e uma forma inicial de produção home-studio, juntando batidas, baixos e leads em pistas separadas. Howlett também foi um dos precursores dessa técnica.

Outra máquina imortal, frequentemente encontrada em estúdios de produção musical — eletrônica ou não —, foi o Akai MPC. O MPC60 foi o primeiro modelo não montado em rack da Akai a ser vendido. Foi também um dos primeiros samplers a apresentar pads sensíveis ao toque, dando origem ao design padrão MPC de samplers. Os 16 pads de velocidade poderiam armazenar quatro bancos de sons (64 no total) com taxa de amostragem de 40Khz e profundidade de 16 bits, com a opção de os dados serem armazenados em formato de 12 bits.

No início dos anos 1990, os avanços no poder de processamento e na capacidade de memória dos PCs tornaram possível o desenvolvimento de software samplers. Embora os samplers de hardware ainda sejam usados, samplers em software tendem a ser mais amigáveis com as DAW (Digital Audio Workstation), como é o caso dos plug-ins VST, que podem ser usados em conjunto com outros módulos de som e efeitos. Exemplos incluem o Kontakt, da Native Instruments, o HAlion, da Steinberg, e o Emulator X, da E-mu.

Para além das teclas

À medida que o custo dos samplers diminuiu e a tecnologia aumentou, os pedais "looper" também se tornaram amplamente disponíveis, dando a opção aos músicos de gravarem um trecho em tempo real e, em seguida, montarem várias partes umas sobre as outras. Essa técnica usa tecnologia similar àquela da amostragem digital, mas literalmente repete o segmento que foi gravado, permitindo que os músicos singles criem um backtrack em tempo real. Artistas como Beadyman, KT Tunstall e Ed Sheeran encontraram sucesso em usá-los criativamente.

Tradicionalmente, os samplers são geralmente controlados por um teclado, seja conectado diretamente no hardware ou por meio de um controlador MIDI externo, com cada tecla atribuída a um som diferente. Quando várias amostras são organizadas em um teclado, chamamos isso de mapa de teclas.

Também é possível modular o pitch da amostra e mapear diferentes tons para cada tecla. Isso é conhecido como Keyboard Tracking, e com ele uma única amostra pode ser usada para mapear a tessitura total de um instrumento. É claro que quanto mais processado, menos fidelidade, e com as memórias poderosas que temos hoje, é comum não apenas uma amostra por tecla, mas várias amostras que são acionadas dependendo da velocidade. Assim, tocar uma nota com alta velocidade poderia disparar um sample de um bend da corda da guitarra, resultando em um som geral muito mais realista e intenso.

As amostras também podem ser configuradas para loop a partir de um ponto específico dentro do arquivo de áudio, de modo que, quando uma tecla é pressionada, uma vez que a amostra é terminada, ela será reproduzida indefinidamente a partir desse ponto.

Legalidade

Esta nova abordagem no fazer música era nova para todos no final dos anos 1980 e início dos anos 1990, e a questão controversa de violação de direitos autorais não demorou em aparecer e, realmente, a situação jurídica é bem complexa. Em resumo, se um músico publicar uma música que contém amostras de outro trabalho sem permissão, ele pode "teoricamente" enfrentar um processo legal do proprietário dos direitos autorais, não importa quão curto ou (não) reconhecível seja a amostra. Quando se trata de amostras imediatamente reconhecíveis, o problema não é tão grave, mas acontece que, na prática, uma enorme quantidade de músicas apresenta amostras não-claras e muitos produtores conseguiram usar amostras não licenciadas sem problemas maiores. Os solos de bateria de "Amen", de The Winstons, é um dentre muitos exemplos que foram usados em milhares de trilhas não licenciadas, desde sons mais undergrounds até hits comerciais e pops.

Os primeiros CDs de samples frequentemente traziam conteúdo não licenciado, com violação de direitos autorais. Mas, em meados da década de 1990, isso mudou radicalmente e, no início dos 2000, já havia uma demanda crescente por amostras que poderiam ser usadas sem medo de consequências legais gerando o aparecimento cada vez maior de bibliotecas criadas a partir do zero, por músicos em estúdios.

A maioria das bibliotecas de amostras atuais inclui uma licença que afirma que a parte que comprou esse produto pode usar o material de áudio em obras musicais sem ter que pagar royalties, e muitos artistas famosos produziram e continuam produzindo grandes hits com material de bibliotecas de amostra.

Qual foi o primeiro álbum a fazer um amplo uso da amostragem? Ao que tudo indica, Stevie Wonder, em Journey Through the Secret Life of Plants, de 1979, usou o Computer Music Melodian, outra máquina primitiva, mas que podia sincronizar com sintetizadores analógicos como o ARP, sincronizando com seu tom. Feito por Harry Mendal em meados dos anos 1970, é conhecido como o primeiro sampler digital comercialmente disponível, que era monofônico, tinha um conversor A/D de 12 bits e taxa de amostragem de até 22Khz.

PARA OUVIR

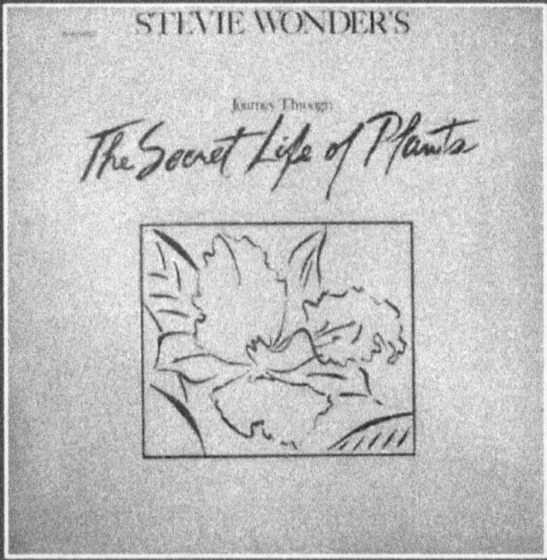

STEVIE WONDER
"Journey Through
The Secret Life of Plants"

CAPÍTULO 7

Strings Machine

Atualmente, o timbre de Strings, ou cordas, é uma parte essencial presente praticamente em qualquer teclado profissional ou amador, mas isso nem sempre foi assim: antes do aparecimento das primeiras máquinas de Strings na década de 1970, esse recurso era um privilégio de pouquíssimos afortunados.

Strings Synth é um termo inglês utilizado justamente para denominar os sintetizadores analógicos polifônicos que tinham a capacidade de emular o som de uma orquestra de cordas. O desenvolvimento desse tipo de sintetizador foi originalmente motivado pela necessidade de uma alternativa mais econômica que o Mellotron, que nos anos 1960 e início dos anos 1970 era, realmente, a única maneira que um instrumento de teclado poderia ser usado para imitar um violino ou uma pessoa cantando. Ao contrário de um sintetizador convencional ou órgão eletrônico, o Mellotron reproduzia seus sons a partir de amostras de sons pré-gravados em fitas magnéticas individuais. De fora, parecia um órgão eletrônico comum, no entanto, o teclado estava "ligado" a 35 fitas magnéticas, cada uma com um loop de áudio de 8 segundos. Assim, o Mellotron não era um sintetizador, mas foi a primeira utilização do que conhecemos hoje como técnica de "amostragem" ou sampler. Isso permitia, diferentemente dos sintetizadores eletrônicos daqueles tempos, que o Mellotron fosse "polifônico", o que significava poder tocar várias teclas ao mesmo tempo para reproduzir o som agradável de um acorde musical tocada por uma orquestra de cordas, por exemplo.

Para permitir que um teclado pudesse fazer algo parecido ao Mellotron, mas com um custo mais baixo, os engenheiros projetaram os primeiros sintetizadores de Strings, que normalmente usavam uma arquitetura de divisão de frequências semelhante à dos órgãos eletrônicos, "divide-down", com a adição de efeitos de vibrato e chorus embutidos para imitar o efeito de conjunto de vários instrumentos de cordas tocando ao mesmo tempo. Essas máquinas foram os primeiros sintetizadores polifônicos distribuídos em larga escala, ou seja, o músico podia tocar acordes neles.

O som de String Ensemble (orquestra de cordas) dos primeiros Strings Synth era processado por um delay analógico que criava a ilusão de vários osciladores tocando ligeiramente fora de tempo um com o outro, assim como dois violinistas fariam na realidade, batendo seus arcos nas cordas com alguns milissegundos de diferença. Na maioria dos modelos, os controles eram bem simples, basicamente constituídos por presets e ajustes de efeitos.

A disponibilidade desses sintetizadores foi extremamente influente na adição de orquestração de cordas à música popular pois, até então, poucos podiam se dar ao luxo de contratar um conjunto de cordas ou coral humano para a gravação de um álbum pop.

Os sintetizadores Strings foram a alternativa econômica para gravar conjuntos de cordas completas em sucessos discográficos como por exemplo, "Nights on Broadway", dos Bee Gees, ou "I Can not Wait", de Nu Shooz. No estúdio, exploradores como Vangelis, Jean Michel Jarre e Tangerine Dream os utilizaram massivamente para reproduzir os sons do cosmos.

A era dos sintetizadores de cordas foi relativamente breve, pois, tecnologicamente falando, eram algo entre um órgão combo compacto e um sintetizador polifônico. A arquitetura das primeiras máquinas era muito semelhante às de órgãos como a série Farfisa Compact: osciladores gerando e combinando tons em diferentes frequências, para criar timbres complexos, e envelopes de amplitude, para dar a esses sons certas formas, como ataques percussivos ou longos decays. Eles foram rapidamente eclipsados por sintetizadores polifônicos como o Sequential Circuits Prophet 5 e o Yamaha DX7, que eram muito mais poderosos e flexíveis em termos de possibilidades de sons.

Mas em meados da década de 1970, no auge e glória dos Synth Strings, parecia que todo dia algum fabricante lançava um novo sintetizador de cordas. Além dos pioneiros Freeman String Symphonizer, Eminent 310 e Solina, havia também Crumar Stringman, o Eko Stradivarius, Hohner Stringvox, Logan String Melody, Elka Rhapsody, Roland RS-202, Moog Opus 3 e muitos outros modelos mundo afora.

O som característico desses instrumentos, que era parecido, mas não exatamente o mesmo dos instrumentos acústicos, praticamente definiram o final dos anos 1970 e início dos anos 1980. Recentemente, o calor exuberante, cósmico e analógico dos sons de sintetizadores de cordas analógicos experimentou um novo boom de popularidade, e vários teclados e softwares trazem de volta alguns sons clássicos que marcaram uma geração.

Freeman String Symphonizer

O Freeman String Symphonizer foi um sintetizador de cinco oitavas da década de 1970, também conhecido como o Cordovox CSS. Foi a primeira máquina de cordas produzida! Freeman realmente inventou o conceito de um String Synth. É tão raro como único. O som do Freeman Symphonizer tinha riqueza e complexidade diferentes de qualquer outro sintetizador de cordas.

Era uma máquina pesada — cerca de 30 kg — e foi utilizada por muita gente de peso, como The Who, Jan Hammer, Chick Corea, Elton John, Ramsey Lewis e Peter Sinfield, entre outros, mas seu lançamento acabou sendo ofuscado pelo surgimento do Eminente Solina e do Crumar Stringman, ambos com apenas um oscilador e por isso, mais baratos.

Logan String Melody

O Logan String Melody foi um teclado portátil produzido na Itália, em duas versões, de 1973 a 1982. Foi inicialmente vendido sob a marca Logan e, posteriormente, relançado como um produto Hohner. Tinha acabamento em madeira e pesava 23 quilos. Possuía polifonia completa e um chorus exclusivo que lhe conferia um som de String Synth bem peculiar.

O teclado tinha quatro oitavas divididas em duas faixas de tamanho quase igual. Em cada uma dessas gamas, era possível uma combinação de até três sons de cordas usando os faders rotulados como Violoncelo, Viola e Violino. A faixa inferior também possuía um sintetizador monofônico simples que era controlado usando faders rotulados com Bass e Perc.

ARP Solina String Ensemble

O ARP Solina String Ensemble, baseado em um oscilador, um envelope simples e um phaser, é um dos mais famosos sintetizadores de cordas dos anos 1970. É considerado por muitos como "o som de string analógico" da década de 1970. Vinha com presets de sons de violino, viola, trompete, horn, violoncelo e contrabaixo.

Em vez do ADSL tradicional, oferecia dois faders de ajustes para ataque, decay, crescendo e sustentação, que soam mais orquestrais, mas, no fundo, são a mesma coisa. Para ser polifônico, o teclado utilizava a tecnologia "divide-down", e o efeito de chorus incorporado dava ao instrumento seu som característico.

O som de cordas analógicas do ARP foi amplamente utilizado por artistas de jazz e funk nos anos 1970, como Herbie Hancock, George Clinton e Eumir Deodato, e bandas como The Cure e Joy Division.

Ao contrário de muitos sintetizadores de cordas de seu tempo, a variedade de timbres orquestrais do Solina soava muito bem, fosse de violino, trompete ou contrabaixo. Um dos grandes argumentos de venda da Solina, na época, era que o músico poderia manter um acorde para sempre, enquanto muitos concorrentes da época tinham um envelope finito. O Solina continua popular até hoje, e seu som, incrivelmente vibrante e analógico, continua sendo único e muito especial.

Elka Rhapsody

A série Rhapsody foi produzida pela Elka da Itália durante cinco anos, de 1975 a 1980. Foi uma das máquinas mais populares da época, com os modelos 310, 490 e 610. As alternativas básicas de som eram chamadas "CELLO", "VIOLA" e "VIOLIN", que basicamente, era o mesmo som de cordas básico, em três oitavas adjacentes. O teclado era dividido no meio para que fosse possível ajustar os volumes separadamente para a parte inferior e superior. Embora a Elka seja pouco conhecida nos Estados Unidos e na América Latina, encheu a Europa de órgãos, sintetizadores de cordas e pianos elétricos ao longo dos anos 1970. A empresa também foi responsável pelo lendário Synthex, um sintetizador analógico poderosíssimo, que ainda hoje é procurado e utilizado por produtores.

Korg Polyphonic Ensemble S

O Korg Polyphonic Ensemble S foi fabricado muito antes de a Korg ser a "bam-bam-bam" dos instrumentos eletrônicos que é hoje, e este foi seu primeiro sintetizador polifônico. Dois modelos foram fabricados, o P e o S, mas o S é muito mais interessante, com os sons exuberantes de "cordas cósmicas" que o fez particularmente bem adaptado para a experimentação em estúdio por músicos como Vangelis. O Ensemble

Polifônico S acabou sendo um trampolim para uma empresa que se tornaria uma das maiores do setor.

Roland RS-202

Outro modelo considerado por muitos tecladistas um dos melhores sintetizadores de cordas já feitos, o RS-202 era tão bacana que acabou sendo vítima de pirataria, e teve um clone quase exato no Multivox MX-202. Nos anos 1970, era comum que uma empresa "pirateasse" o design de um instrumento para vendê-lo em mercados diferentes. A Ibanez, por exemplo, é famosa por ter fabricado clones requintados de guitarras Fender que eram vendidas no Leste Asiático. O inverso aconteceu com o RS-202. A empresa japonesa Roland não tinha recursos para proteger seus projetos no exterior, e a Multivox copiou a aparência e inclusive o próprio circuito do RS-202 no seu produto que foi vendido nos Estados Unidos. O RS-202 tem tudo a ver com flexibilidade, com teclado dividido em duas seções, em que cada uma podia carregar um som de corda diferente. No que diz respeito a efeitos, além de delay, o RS-202 oferecia vibrato e inovou com a adição de um chorus ensemble para um tipo diferente de efeito de orquestra de cordas.

Roland VP-330

Na mesma época, a Roland lançou o VP-330, outro clássico do final da década de 1970, e suas seções de voz humana foram alguns dos sons mais reconhecíveis da época. Não tinha nada de muito especial, além do preço acessível e do som de cordas que era muito bom. Alguns tecladistas chegaram inclusive a dispensar seus velhos Mellotrons em troca do pequeno notável da Roland!

Polymoog

Ao contrário da maioria dos fabricantes de sintetizadores de cordas, a Moog não era uma empresa de órgãos. Sua reputação de inovação parecia obrigar a Moog a equipar o seu modelo com controle total sobre os filtros controlados por tensão, seção de modulação e profundidade de chorus. Ao contrário da maioria da concorrência, o Polymoog era muito mais que apenas um órgão modificado. Embora fosse baseado em presets como todos os sintetizadores de cordas da época, a flexibilidade de seus controles superava qualquer outro. Inclusive, apresentava um envelope que oferecia controle de ataque, sustentação e decay em contraste com outros fabricantes que apenas ofereciam controle de ataque e decay.

Apesar de ter sido de longe o String Synth mais flexível de todos os tempos, a Moog lançou-o tarde demais, praticamente no final do jogo. Na época de sua fabricação, em 1980, o mercado de sintetizadores de cordas estava saturado, e o Polymoog foi baseado na mesma tecnologia "divide-down", semelhante aos órgãos, que os String Synths anteriores utilizavam. Isso levou a uma certa falta de flexibilidade em comparação com sintetizadores polifônicos que estavam em ascensão, uma revolução iniciada pelo concorrente da Moog, a Sequential Circuits, com seu Prophet 5, e que continuou com o Yamaha CS-80. Juntamente com a reputação de falta de confiabilidade por causa de seu design excessivamente complexo e construção frágil, o Polymoog acabou sendo, inclusive, ridicularizado na época.

O fim de uma era

Na década de 1970, havia uma abundância de máquinas de Strings "divide-down", no entanto, a maioria desses sintetizadores eram parafônicos, significando que havia uma seção de filtro compartilhada, bem como, em alguns casos, envelopes não discretos. Note que o termo "parafônico" tem a ver com articulação e não com quantas notas um sintetizador pode tocar ao mesmo tempo. Um sintetizador "parafônico" é aquele em que todas as notas geradas passam por um único filtro e combinação VCA. Ele tem um esquema de polifonia dividida, mas todas essas notas, e cada acionamento dessas notas, é forçada através de um único filtro e VCA.

Além disso, os tecladistas desejavam mais do que apenas sons de orquestras de cordas. Em 1975, a Yamaha lançou o GX-1, que não era um String Synth, mas introduziu os sons de Strings que se tornariam padrão quando polysynths acessíveis de dois osciladores apareceram alguns anos depois. Amplamente considerado como o maior e mais desejável sintetizador polifônico de todos os tempos, era um gigante, tanto fisicamente como em termos de possibilidades de sons. E custava muito caro.

Do outro lado da balança, surgiram alguns teclados de Strings de baixo custo, como o Jen SM2007 String Machine, de 1976, semelhante em alguns aspectos ao Logan String Melody. O Hohner String Performer, de 1977, foi outro sintetizador de cordas de alta qualidade, bastante sofisticado, mas é muito difícil encontrar informações precisas sobre ele, além de que foi, sem dúvida, uma das melhores máquinas de cordas do seu tempo!

Sequential Circuits Prophet-5

Eis que então surgiu o todo poderoso, único, o rei dos sintetizadores polifônicos, o inigualável Prophet-5 da Sequential Circuits. Madeira, metal, botões grandes, e um som poderoso e inimitável.

Considerado o primeiro sintetizador analógico polifônico totalmente programável, estreou no mercado em 1978, capaz de oferecer um som analógico delicioso com uma polifonia de cinco vozes — com dois osciladores por voz e um gerador de ruído branco, filtros analógicos, dois envelopes e LFO, o Prophet-5 foi um verdadeiro clássico, e não havia nada parecido como ele.

Não é verdade que o Prophet-5 foi o primeiro sintetizador polifônico. Antes disso, havia os sistemas de voz Oberheim 4 e 8, sintetizadores baseados em módulos de expansão (Synthesizer Expansion Module - SEM) de quatro e oito vozes. Os sintetizadores Oberheim rapidamente se tornaram conhecidos por um som quente e gordo, com um brilho metálico atrevido e completo. Adquiriram fama também na emulação de sons de Hammonds com precisão nunca ouvida anteriormente em sintetizadores eletrônicos. No entanto, com uma forma de polifonia limitada, e sem presets programáveis, o músico tinha que programar cada voz à mão, e, considerando a natureza instável de sintetizadores analógicos, este era um desafio para poucos nerds.

O que o Prophet-5 realmente trouxe de novidade é que foi o primeiro sintetizador polifônico que era programável graças a um novo sistema de memória de controle digital controlado. Simplesmente um dos melhores equipamentos já feitos.

Esse novo tipo de tecnologia fez que os antigos Strings Synths sumissem do mapa, mas o legado que essas máquinas deixaram e seus sons peculiares e inovadores continuam mais vivos do que nunca nas produções musicais contemporâneas. É até irônico pensar que hoje utilizamos nossos sistemas e computadores digitais infinitamente mais poderosos para tentar imitar aquelas máquinas rudimentares e maravilhosas.

Para ouvir o ARP Solina String Ensemble em ação, veja Pink Floyd em Wish You Were Here. O tecladista Rick Wright usou estensivamente o modelo também no álbum e na turnê Animals.

PARA OUVIR

PINK FLOYD
"Shine On You Crazy Diamond"

CAPÍTULO 8

Hammond B3

Ao ouvir uma boa música de rock ou blues, há uma grande chance de que aquele som maravilhoso de órgão no fundo venha de um Hammond B3.

Embora o órgão Hammond tenha sido originalmente projetado e vendido para igrejas como uma alternativa de baixo custo aos órgãos de tubos, durante as décadas de 1960 e 1970 tornou-se o instrumento de teclas padrão para jazz, blues, rock, e da música gospel. Quando os músicos começaram a usá-los em suas músicas nos anos 1950 e 1960, o som "pegou", e está passando agora por um ressurgimento, já que a tendência está totalmente voltada para a música analógica.

O Hammond é um instrumento musical eletromecânico que utiliza, como gerador de sons, pequenas rodas com forma de engrenagens dentadas, de diversos tamanhos, as chamadas "tone wheels", confeccionadas com um metal que não se magnetiza chamado Mumetal. Em frente a cada uma, existe um captador magnético — do tipo encontrado em guitarras.

Quando os "tone wheels" giram — e cada vez que a ponta dentada passa pelo captador — ocorre uma mudança no campo magnético que induz uma pequena voltagem a ele, gerando uma senóide, espécie de forma de onda que não possui nenhum harmônico.Quanto maior a quantidade de dentes que passa pelo captador por segundo, mais agudo é o tom resultante. Dentes e captadores maiores são usados para as notas mais graves, ao passo que as notas mais agudas utilizam dentes e captadores menores. Para a oitava mais grave, são usados 12 "tone wheels", cada um com dois dentes. As oitavas sucessivas possuem, respectivamente, 4, 8, 16, 32, 64, 128 e 192 dentes. Em um Hammond B-3, há 96 "tone wheels".

A saída de áudio dos captadores vai para um contato chaveado pelas teclas do instrumento. Cada uma delas comanda um "agulheiro" com nove contatos que estão ligados, por um filtro passa-baixas e capacitores, aos drawbars — alavancas deslizantes numeradas de 1 a 8. O drawbar, por sua vez, está conectado a um grupo de agulhas do teclado, comandando uma determinada altura de frequências criadas pelas "tone wheels".

Os Drawbars são representações de comprimentos de tubos (pense nos órgãos de tubos) para moldar o som. Você pode fazer muitos sons com os drawbars, aproximadamente 253 milhões de combinações possíveis. Cada drawbar é identificado com uma indicação em pés. Por exemplo, o primeiro drawbar branco está marcado como 8'. Esta é uma terminologia que vem dos órgãos de tubos, indicando que o tubo utilizado para produzir o som possuía 8 pés de comprimento. Os números de "1" a "8" em cada drawbar representam graus de intensidade sendo o número 1 o mais suave, e o número 8 o mais forte.

Cada drawbar gera um tom separadamente, e o volume de cada frequência é regulada de acordo com a distância que o organista tenha puxado o controle. Ao puxar um drawbar (na sua direção) você vai aumentar o volume em passos graduais de 0 (sem som) a 8 (volume máximo), e empurrando o controle, você irá diminuir o volume do tom correspondente a esse drawbar. Simples, não? Na verdade, é, uma vez que você perca o medo de manipulá-los.

Os tons e cores dos drawbars

Basicamente temos nove drawbars nas seguintes cores (da esquerda para a direita): marrom, marrom, branco, branco, preto, branco, preto, preto, branco.

Os drawbars brancos nos dão as notas tônicas. Cada drawbar branco (mais o primeiro marrom) podem ser combinados para um total de seis oitavas soando enquanto apenas uma nota é pressionada! Sim, ao tocar um acorde de três notas com estes drawbars, você ouve 18 notas ao mesmo tempo! O primeiro drawbar branco é o tom fundamental (ou 8'). Os drawbars brancos estão todos no mesmo tom, com o primeiro sendo o fundamental, o segundo uma oitava acima (4 '), o terceiro duas oitavas acima (2') e o quarto três oitavas mais altas (1').

Os dois drawbars marrons à esquerda estão abaixo do tom fundamental. O primeiro é uma oitava inferior (16') e o segundo é uma quinta acima desta (5 1/3').

Os drawbars pretos, conhecidos como harmônicos, são o que fornecem a cor ou dissonância com o tom. Esses controles, juntamente com o segundo drawbar marrom, irão preencher o som para criar os sons de órgãos típicos.

Os drawbars pretos irão gerar a 12ª acima da fundamental (2 2/3'), a 17ª acima da fundamental (1 3/5') e a 19ª acima da fundamental (1 1/3').

Outra forma de entender as drawbars é a pensar neles em três categorias distintas: sub-drawbars, foundation-drawbars e brilliance-drawbars.

Sub-drawbars: os dois primeiros (marrons) são os sub-tons, inferiores à nota tônica,

Foundation-drawbars: os próximos quatro (preto e branco) são a base, o principal componente do som

Brilliance-drawbars: os três finais (preto e branco) fornecem o brilho ou maior frequência na combinação de tons.

Usando a combinação desses registros, consegue-se, por meio de síntese aditiva — somando senoides —, construir os timbres fantásticos que sempre se tenta copiar. Mas não é só isso. Quando o instrumento é tocado, são as teclas que chaveiam o áudio do gerador, ligando e desligando as notas. Isso gera um click no áudio, que é quase eliminado pelos capacitores do filtro pelos quais passam baixas frequências. Se um Hammond fica úmido, por ficar em um bar noturno ou pela sua idade, esses capacitores começam a deteriorar-se, deixando passar mais o barulho dos clicks. Dessa forma, origina-se um timbre mais agressivo, muito apreciado em rock. Além disso, as "tonewheels". movimentam-se em cima do eixo do motor e, se o músico bate com muita força nas teclas, elas patinam, mudando ligeiramente a frequência gerada para aquela nota. Assim, cria-se um chorus natural que, quanto mais velho o órgão, melhor fica.

PARA OUVIR

BOOKER T. & THE M.G.'S
"Green Onions"

E engana-se quem pensa que as memórias pré-programadas, os chamados presets, são recursos que só surgiram a partir do desenvolvimento dos sintetizadores digitais. O Hammond oferecia nove presets selecionados por meio de dois conjuntos de doze teclas de cores invertidas, à esquerda tanto do teclado superior quanto do inferior. Essas teclas, quando pressionadas, não produzem sons, mas permanecem apertadas. E se há uma dessas teclas apertada anteriormente, ela é solta. A tecla Dó cancela a atuação dos presets e de Dó# ao Lá, nove presets de fábrica são selecionados, que podem ser reajustados por meio da manipulação de fios no painel traseiro do órgão. O Hammond B3 possuía dois conjuntos de drawbars para o teclado superior, dois para o teclado inferior e um para a pedaleira, com os quais podiam ser feitos ajustes pelo usuário: a tecla Sib seleciona o primeiro conjunto desses drawbars, e o Si natural, o segundo.

Percussivo

A Hammond Percussion, ou, percussão Hammond, é um circuito patenteado pela empresa que altera a característica de ataque do som de uma nota. Ele faz isso gerando um tom adicional, ou um "sinal de percussão", para a nota que está sendo pressionada. O envelope do sinal de percussão é controlado para se ter uma característica específica de decaimento. A frequência do sinal de percussão pode ser selecionada para ser a 2ª ou 3ª harmônica da nota pressionada.

Nos teclados modernos, a percussão Hammond seria chamada de "single triggered". Ou seja, o amplificador de envelope da percussão é acionado somente quando uma nota é pressionada a partir de um estado all-keys-up, ou seja, todas as teclas livres. Depois de ter sido acionado e enquanto qualquer tecla permanecer pressionada, nenhum efeito de percussão será ouvido quando as notas adicionais forem tocadas. Assim, para ouvir o efeito de percussão para cada nota de um solo rápido, requer do tecladista uma técnica que libere totalmente a tecla pressionada antes de se executar a próxima.

No Hammond original, e consequentemente nos emuladores clonewheel, o efeito de percussão é habilitado somente no teclado manual superior.

História

Laurens Hammond formou-se em engenharia mecânica pela Cornell University em 1916. No início da década de 1920, projetou um relógio movido a mola cujo sucesso comercial lhe permitiu iniciar seu próprio negócio, a Hammond Clock Company, em 1928. Com a grande depressão da década de 1930, as vendas diminuíram e ele decidiu procurar por um novo produto que fosse novamente bem-sucedido. Conta a lenda que foi inspirado a criar a "tonewheel" ou "phonic wheel" ouvindo as engrenagens de seus relógios e os tons produzidos por eles. Reuniu peças de um piano de segunda mão que comprou por 15 dólares e combinou-o a um gerador semelhante ao telharmonium, embora muito mais curto e mais compacto. Como Hammond não era músico, ele pediu ao tesoureiro assistente da empresa, W. L. Lahey, para ajudá-lo a alcançar o som de órgão desejado. Para cortar custos, Hammond fez uma pedaleira com apenas 25 notas, em vez do padrão 32 dos órgãos da igreja, o que rapidamente se tornou um padrão de fato.

O modelo A foi o primeiro órgão produzido pela Hammond Organ Company, em 1935, e contava com a maioria das características que estabeleceram o padrão dos órgãos de console da empresa, como manuais de 61 teclas, pedaleira de 25 notas, pedal de expressão, 12 teclas para seleção de presets, e duas séries de drawbars para cada manual e uma para a pedaleira.

PARA OUVIR

JIMMY SMITH
"Back at the Chicken Shack"

Em 1936, o modelo BC foi introduzido para responder às críticas de que o Hammond não era tão competente para simular som de órgãos de tubos. Para isso, ele contava com um gerador de Chorus. A produção do velho modelo A foi encerrada, mas o modelo continuou disponível como AB até 1938.

O modelo C foi introduzido em 1939 como opção de um órgão esteticamente mais direcionado para uso nas igrejas, e não somente nas residências. Com os mesmos recursos dos modelos AB e BC, era fechado na frente e nos lados por painéis, o que permitia às mulheres tocarem com saia, com o órgão posicionado na frente da congregação. Esse modelo não tinha gerador de Chorus, mas tinha espaço no gabinete para que o recurso fosse instalado.

O modelo D era um C com Chorus já instalado. O sistema de Vibrato foi desenvolvido durante os anos 1940 e foi disponibilizado nos modelos BV e CV (somente Vibrato) e BCV e DV (Vibrato e Chorus). Inicialmente, o Vibrato era fixo, mas tornou-se ajustável em 1949, nos modelos B-2 C-2. Em 1954, os modelos B-3 e C-3 introduziram os percussivos harmônicos, disponibilizando uma série de recursos célebres que fizeram que esses órgãos fossem produzidos até 1975.

Vibrato e Chorus

O Vibrato é um efeito de variação de subida e descida periódica do tom (modulação de frequência), sendo assim fundamentalmente diferente do Tremolo, que é uma variação apenas na intensidade do tom (modulação de amplitude). Os primeiros órgãos Hammond apresentaram um sistema Tremolo que, no entanto, nunca foram considerados muito eficazes.

O Vibrato do Hammond foi inventado por John Hanert, engenheiro da empresa. Esse Vibrato foi implementado usando um Delay e um filtro totalmente low-pass. O sinal é aplicado ao Delay e a um scanner giratório, ligado a uma das extremidades do bloco de geradores de tons e orientado para girar a 412 RPM, ou cerca de 7 vezes por segundo.

O efeito de Chorus é produzido adicionando o sinal "não-processado" ou "seco" ao sinal processado, ou "molhado".

O B3 original vinha equipado com seis configurações de vibrato e chorus, que variavam em velocidade e intensidade: V1, V2, V3 e C1, C2, C3. As três configurações de cada Vibrato e Chorus correspondem a diferentes velocidades e quantidade de deslocamento do tom.

Leslie Speaker

Um dos componentes fundamentais para conseguir "aquele" som de órgão B3, é sem dúvida alguma, a Leslie Speaker. A "Leslie Speaker" é uma torre com cerca de 70kg, com um sistema de falantes que amplifica e modifica o timbre, especialmente construído para criar efeitos especiais de áudio usando o efeito

Ela possui um anteparo giratório em cima do alto-falante de graves, que está virado de boca para cima, e uma corneta sintonizada em uma determinada frequência, que gira em cima de um drive de médios. Duas velocidades e parado são o que elas oferecem. Quando esses elementos giram, o som que chega ao ouvido muda de fase. Cria-se um efeito parecido com chorus, só que muito mais bonito. Se a velocidade é mudada ou se param os rotores, a corneta responde à aceleração ou à redução mais rapidamente que o rotor de graves, por causa da inércia, dando origem a um efeito muito conhecido para quem ouve Emerson, Lake & Palmer e Deep Purple. Ainda é equipada com um amplificador valvulado por meio do qual consegue-se distorções de drive (overdrive), que dão maior punch ao som do Hammond.

Ela pode ser acionada por um interruptor manual — geralmente anexado ao órgão Hammond à esquerda, embaixo do teclado inferior — e pode alternar as velocidades dos falantes, ajustes conhecidos como "chorale" ("slow" ou lento) e "tremolo" ("fast" ou rápido).

Donald Leslie fabricou o primeiro modelo da caixa em 1941. O norte-americano trabalhava com vendas e manutenção de órgãos Hammond, mas estava desapontado com a amplificação que, segundo ele, não correspondia à proposta de emular o som de um órgão de tubos.

Nos anos 1930, começou a construir suas caixas e descobriu que o som em movimento giratório apresentava um efeito melhor para simular o posicionamento diferente dos tubos de um órgão acústico. Laurens Hammond não se interessou em fabricar ou vender suas caixas, então Leslie as fabricou e comercializou.

A comunicação entre o órgão e a caixa Leslie é feita por meio de um conector de seis ou nove pinos, dependendo do modelo O som do órgão enviado à caixa é separado por um crossover que remete as frequências para diferentes alto-falantes.

Existem vários modelos de caixas Leslie. O mais popular é o 122, projetado especificamente para ser usado com o Hammond. Possui motores independentes para "chorale" e "tremolo" e um amplificador valvulado de 40 watts.

Inicialmente, os órgãos não possuíam uma configuração Leslie "lenta". As opções eram "rápida" ou "off". A opção "lenta" só foi adicionada em produções mais recentes após a década de 1960, e, até os dias atuais, as três configurações se tornaram padrão: Leslie "lenta", "rápida" ou "off".

Como a Leslie modifica o som em relação ao ambiente, além de amplificá-lo, a saída não pode simplesmente ser ligada a um PA, principalmente se a potência for baixa (o que acontecia nos modelos mais antigos). Por conta disso, a Leslie deve ser microfonada.

Fim da era Hammond?

Após a morte de Laurens Hammond, em 1973, a empresa fundada por ele se esforçou para sobreviver. Um ano antes, Ikutaro Kakehashi, então presidente da Roland Corporation, não aceitou a proposta de compra da Hammond, alegando falta de praticidade na mudança da fábrica de Chicago para o Japão e vislumbrando como um sério problema a diminuição das vendas dos órgãos na época. Em 1985, a empresa cessou as vendas, ficando disponível apenas como serviço de manutenção com o nome de "The Organ Service Company". Em 1986, a marca Hammond e seus direitos foram adquiridos pela Hammond Organ Australia. Três anos mais tarde, a Suzuki Musical Instrument Corporation comprou o direito do nome (a marca Leslie também foi adquirida por ela) e a empresa passou a chamar Hammond-Suzuki, produzindo seus próprios modelos de órgãos portáteis, como o XB-2, o XB-3 e o XB-5.

A Hammond Organ Company produziu cerca de dois milhões de instrumentos durante a sua vida, descritos como "provavelmente os órgãos eletrônicos mais bem-sucedidos de todos os tempos". Em 1966, estimou-se que 50.000 igrejas já possuíam um Hammond instalado.

CAPÍTULO 9

Hammond Solovox

O pioneiro sintetizador monofônico.

O Solovox foi desenvolvido pelos engenheiros Alan Young, John Hanert, Laurens Hammond e George Stephens da Hammond Organ Co, famosa por seus órgãos eletromecânicos, e produzido nos Estados Unidos durante a década de 1940. Foi o primeiro sintetizador monofônico da história, criado para ser acoplado a outro instrumento, como um piano ou um órgão, com a intenção de adicionar uma voz de solo. O instrumento, assim como o próprio nome sugere, produzia apenas uma nota por vez (monofônico), era rico em harmônicos e a inovadora síntese usada para produzir os sons e imitar instrumentos acústicos inspirou a construção, quase 30 anos depois, de modelos como Moogs, Arps e outros.

O pequeno equipamento de três oitavas era preso em um suporte acoplado por baixo do teclado, com um controle de volume operado pelo joelho. O Solovox era conectado por três cabos a um gerador de som eletrônico. Essa caixa (como os módulos de som atuais) continha um amplificador valvulado e alto-falantes de 8 polegadas. Este "módulo" podia ser posicionado no chão, próximo ao piano, ou suspenso horizontalmente abaixo da tábua harmônica. O som vinha de um oscilador LC com extensão de uma oitava. O sinal passava por uma série de cinco divisores de frequência para criar duas oitavas adicionais.

Na parte frontal do instrumento, logo abaixo do teclado, havia uma série de botões, que podiam ser acionados pelo polegar, para selecionar a extensão do oscilador (entre +/– 3 oitavas: soprano, contralto, tenor, baixo), vibrato, ataque, deep tone, full tone, 1st voice, 2nd voice e brilliant. Havia, também, um botão para selecionar os tipos de timbres: woodwind, string ou surdina. O Solovox podia sintetizar sons de instrumentos de cordas, sopros e órgão e foi amplamente utilizado na música em seu tempo.

História

O Solovox foi lançado em 1940 (modelo J) com um mecanismo de vibrato mecânico que utilizava duas palhetas de metal, que vibravam e modulavam o oscilador. O modelo K surgiu em 1946, e o modelo L dois anos mais tarde. A principal diferença entre eles era o número e o tipo de válvulas no módulo de som, além do vibrato, substituído nos dois últimos modelos por um segundo oscilador que funcionava como LFO. Havia também uma versão "militar", autônoma, com alto-falante e teclado no mesmo gabinete, produzida para clubes de oficiais e outros estabelecimentos.

O Solovox era produzido em diferentes cores: preto, branco e madrepérola. As duas últimas versões foram feitas mais especificamente sob encomenda de organistas famosos, como Milt Herth, que queria utilizá-lo com seu órgão Hammond, e Lenny Dee, que o utilizava como efeito especial.

O Solovox serviu de base para outros produtos Hammond — como a série S de órgãos com acordes, de 1950, o modelo F-100 Extravoice, de 1959 e unidade de pedal solo das séries RT e D-100 — e inúmeros outros instrumentos. Até mesmo Robert Moog, idealizador do famoso Minimoog, declarou que foi inspirado pelo Solovox, o órgão Hammond e o Theremin para criar seus sintetizadores analógicos.

CAPÍTULO 10

Wurlitzer Electric Piano

"When I was young, it seemed that life was so wonderful...", a linha de abertura da memorável "The Logical Song", da banda britânica de rock Supertramp, é acompanhada pelo som insistente, seco e rítmico de um piano elétrico, a cama perfeita para Roger Hodgson ecoar sua voz peculiar em uma produção cristalina, em que composição musical, letra, arranjo, timbragem e performance se combinam de forma magistral.

O Supertramp, assim como o Pink Floyd, era conhecido como banda de audiófilos e produziu diversas sonoridades que se tornaram hits entre vendedores para demonstrar desde timbres de teclados e guitarras, efeitos e sistemas de som profissionais a, simplesmente, o poder dos alto-falantes do carro. A escolha de uma sonoridade, sem dúvida, tem impacto decisivo em uma produção musical. E, muitas vezes, o timbre de um determinado instrumento passa, inclusive, a definir um estilo, como é o caso da guitarra steel no country, a Fender Stratocaster no rock, e os Hammonds no blues. Por vezes, um instrumento fica diretamente relacionado a uma composição, ou você consegue imaginar

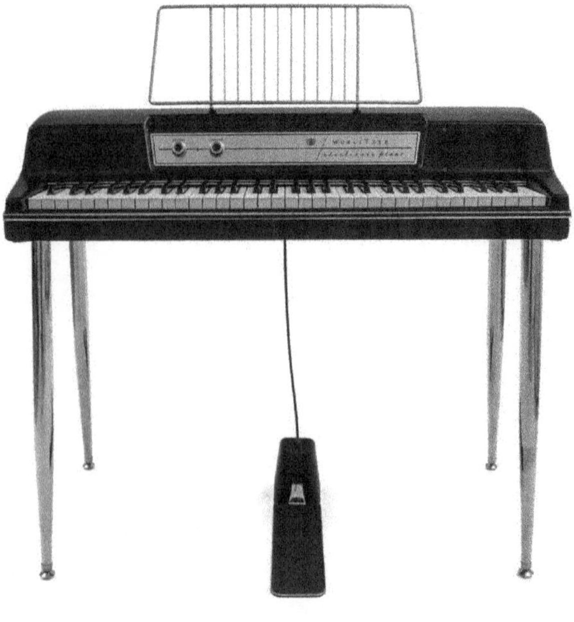

o Clavinet Hohner sem que "Superstition" venha à mente? Muitas das produções do Supertramp são temperados por um único som: o piano eletroacústico Wurlitzer.

O piano Wurlitzer — chamado carinhosamente por tecladistas de "Wurly" — é um instrumento eletromecânico, geralmente de 64 teclas, que se imortalizou em diversos clássicos ao longo dos últimos 60 anos. Segundo os registros, o primeiro a gravar com um Wurlitzer foi o excêntrico músico de jazz Sun Ra, em 1956. O primeiro artista de fama internacional a gravar com um deles foi nada menos que Ray Charles, em sua canção "What I'd say", em 1959. Depois disso, artistas e bandas utilizaram — e ainda usam — um piano Wurlitzer, como John Lennon (em "How Do You Sleep", entre outras), Paul McCartney ("Ram On"), George Harrison ("All Those Years Ago"), Ringo Starr (tocado por Jim Cox em "I Wanna Be Santa Claus",), Queen ("You Are My Best Friend"), The Rolling Stones ("Miss You"), Pink Floyd ("Money", "Breathe," "Time" e "Have A Cigar"), The Archies (na famosa "Sugar Sugar"), Joni Mitchell ("Woodstock"), Bob Dylan ("Till I Fell In Love With You"), Carpenters ("Top Of The World"), The Doors ("Queen Of The Highway"), Elton John ("Lady Samantha" e "Heart In The Right Place"), e Stevie Wonder ("Love Having You Around", "Sweet Little Girl" e "Tuesday Heartbreak"), entre muitos outros.

O mais famoso som de Wurlitzer de todos os tempos pertence ao Supertramp, e sua sonoridade é muitas vezes confundida com a da própria banda, como se pode ouvir em clássicos como "The Logical Song", "Dreamer" e "Breakfast in America". O Supertramp foi, sem dúvida, o principal disseminador dos pianos Wurlitzer na música pop.

História

O piano elétrico Wurlitzer faz parte de um conjunto de pianos eletromecânicos sem cordas fabricado e comercializado pela empresa Rudolph Wurlitzer, nos Estados Unidos. Antes de se tornar famosa pelos pianos elétricos, a Wurlitzer já era bem conhecida e respeitada como fabricante de órgãos de teatro. Embora a empresa sempre tenha utilizado o termo "piano eletrônico" para se referir aos seus modelos, atualmente é mais correto dizer que os velhos pianos Wurlitzer, assim como os Rhodes, pertencem à família dos eletromecânicos, pois "piano eletrônico" é um termo mais utilizado para tipos de pianos similares aos sintetizadores, em que o som é produzido puramente por meios eletrônicos, como, por exemplo, os modernos workstations.

O primeiro piano elétrico Wurlitzer apareceu na segunda metade do século passado nos Estados Unidos. A ideia veio de uma invenção precoce de Benjamin Meissner que, na década de 1930, utilizou um captador eletrostático para amplificar o som de um piano tradicional. Mais tarde, nos anos 1950, a Wurlitzer Company comprou a patente da invenção de Meissner e substituiu as cordas do piano por palhetas de metal. Em 1955, para diferenciar o nome da invenção original, o primeiro Wurlitzer, o EP-110, foi colocado no mercado como um piano eletrônico, seguido pelos modelos EP-111 e EP-112. Há evidências de um piano designado como modelo 100, em 1954, mas não há consenso se houve mesmo o protótipo, se foi um projeto ou se tudo é lenda. O modelo 200 surgiu em 1968 e o 200A — mais leve e portátil que os anteriores, sem pernas, sem case, amplificador e alto-falantes — em 1972. A fabricação do 200A — o mais pop de todos os pianos elétricos feitos pela Wurlitzer — durou até 1982 e o modelo foi comercializado nas cores preto e verde, embora existam alguns 200A em branco, usados por Supertramp, Beach Boys e Carpenters, fabricados sob encomenda. Em 1978, surgiu o modelo 200B, que era visualmente idêntico ao 200A, mas podia ser alimentado com uma bateria recarregável de 85V.

Variações de modelos

A maioria dos pianos elétricos Wurlitzer são modelos portáteis com pernas destacáveis, mas havia também modelos não portáteis, em console, que desempenharam papel importante na educação musical. Os modelos Wurlitzer 200 bege ou verde, montados sobre um pedestal com alto-falante, saídas de fone de ouvido e pedal de sustain, foram fabricados com a finalidade de serem utilizados nas escolas, em que todos os alunos escutavam seus instrumentos através de fones de ouvido. O professor, que também tinha um fone de ouvido para ouvir cada aluno individualmente, utilizava um microfone para falar com eles sem que os outros pudessem ouvir. Nesses modelos não havia tremolo e alguns receberam a designação 206 ou 206A.

A Wurlitzer produziu também outras versões de pianos elétricos, alguns considerados raros, feitos com acabamento em madeira para uso doméstico, geralmente com a aparência de um piano vertical. Alguns modelos — como o Baby Grand Butterfly, semicircular, com acabamento em madeira e alto-falantes, ou o modelo europeu, 300, que era um tipo de piano doméstico com base no modelo 200A — são considerados extremamente raros. Outra raridade é o único que não tinha 64 teclas, o 106p, um modelo de sala de aula com 44 teclas e caixa de plástico, sem alto-falantes e sem pedal de sustain. Esse modelo apareceu a partir da década de 1970 e estava disponível em laranja ou bege.

A mecânica

A produção do tom em todos os pianos elétricos Wurlitzer é feita a partir de um sistema simples e idêntico em todos os modelos: uma tecla ativa um martelo — praticamente igual aos martelos de um piano tradicional, mas menor — que atinge uma palheta de metal, que vibra e produz um tom captado por um enorme captador eletrostático.

O tremolo, presente em todos os modelos portáteis de Wurlitzer, é um elemento essencial de sua sonoridade. Muitos tecladistas gostam de fazer variações em tempo real, aumentando e diminuindo o depht manualmente, pois o instrumento vinha equipado com o efeito com "depht" ajustável. Dependendo do estilo da música e do tecladista, é comum também processar o sinal com pedais e amplificadores de guitarra, como chorus, phaser, flanger e distortion, e os resultados dessas combinações são praticamente infinitos. O piano também tem um pedal de sustain que funciona por meio de uma alavanca que, ao ser pressionada pelo pé, cria tensão em um cabo que desencadeia um mecanismo semelhante ao de um piano tradicional.

O som

É muito difícil descrever um som com palavras. O do Wurly é único e impossível de comparar com qualquer outro modelo. Mas, para facilitar a descrição e apenas como base, pode-se utilizar um rival da mesma idade, peso e importância: o piano elétrico Fender Rhodes. Obviamente cada tecladista tem as suas próprias expectativas sobre o timbre de um piano elétrico, mas é possível afirmar que nenhum tecladista em sã consciência ficaria decepcionado com o som genuíno de um Rhodes ou de um Wurlitzer. É importante lembrar que pianos elétricos não são máquinas digitais, mas instrumentos mecânicos com grande quantidade de componentes físicos que podem variar muito entre os modelos e com o desgaste do tempo. Por isso, quando encontramos um instrumento como esse, certamente ele possuirá um tom único e exclusivo, e mesmo modelos iguais irão soar um pouco diferente um do outro.

A principal diferença entre o Rhodes e o Wurlitzer é o tom. Quando se compara um Rhodes a um Wurlitzer, no entanto, é importante considerar antes de tudo, que são instrumentos diferentes, com fontes tonais diferentes. Enquanto um piano elétrico Rhodes usa bastões de metal (tines) como fonte de tom, um Wurlitzer utiliza palhetas (lâminas) de metal.

Tines e palhetas

Para entender o funcionamento dos tines, pense em um diapasão de metal tradicional. Ele possui a forma de um "garfo", com dois dentes, que vibram em certa frequência ao serem percutidos. Cada tecla de um Rhodes possui um mecanismo parecido com um diapasão tradicional de metal, com um "dente" superior mais grosso, chamado "tom-bar", e um dente inferior menor e ajustável, denominado "tine", que absorve o impacto de um martelo de piano e vibra em uma determinada frequência. Em um Rhodes, cada tine/tom-bar tem um captador que converte as vibrações acústicas em sinal elétrico, enviado para a saída de áudio e amplificador. A maioria dos pianos Rhodes usa martelos de piano com ponta de borracha para atingir o tine.

Quando pensamos em palhetas, logo vem a ideia de instrumentos de sopro como clarinetes e saxofones. A diferença é que, enquanto os instrumentos de sopro utilizam palhetas de madeira que vibram com o ar, as palhetas do Wurlitzer são de metal e vibram ao serem atingidas por um martelo de piano, de feltro, em miniatura. De acordo com o comprimento da lâmina, produzem vibração correspondente a cada tom. Ao contrário do tine/tom-bar, as palhetas são montadas em uma única e longa barra compartilhada, em vez de barras de tons individuais, e estão dentro de uma bandeja com um único captador, que converte o sinal e o envia para um pré-amplificador on-board.

Por causa dessa diferença fundamental (palhetas/tines), o Wurlitzer tem um som um pouco mais duro e definido, enquanto o Rhodes ressoa mais como um sino, mais suave e morno. O tom do Wurly é mais enérgico, afiado, seco e agudo. A dinâmica é bem acentuada, com attack extremamente percussivo quando tocado forte, causando algumas vezes uma leve e charmosa distorção. O Rhodes é mais "soft". O attack característico do Wurlitzer pode ser percebido mesmo quando tocado suavemente. Embora Rhodes e Wurlitzer sejam teclados com timbres únicos e diferentes, tecladistas são capazes de conseguir um som relativamente semelhante em ambos os instrumentos por meio de ajustes no amplificador, na distorção e na EQ. Outro exemplo é a possibilidade de ajustar os tines de um teclado Rhodes em relação aos captadores, para mais perto ou mais longe das pickups, o que altera o tom geral e permite a personalização de acordo com a preferência de cada tecladista. O Wurlitzer oferece um pouco menos de personalização nesse sentido, já que as palhetas não são ajustáveis como os tines. Um problema com a manutenção do Wurly é o desgaste das palhetas, que pode causar distorção, desafinação e até a quebra com o passar do tempo.

Alerta sobre timbragem

Assim como outros instrumentos vintages clássicos, se por um lado é difícil, mas não raro, ver um modelo original em atuação, o timbre do Wurlitzer é emulado atualmente por uma grande variedade de teclados, workstations e softwares, e continua totalmente ativo nas produções musicais contemporâneas.

Mas cuidado! Dizem os velhos marinheiros, que antigamente os barcos eram de madeira e os homens de ferro, e hoje os barcos são de ferro e os homens de madeira. Nesse mesmo sentido, no mundo da música, se no passado os recursos tecnológicos eram escassos, sobrava criatividade e audácia para experimentar. Hoje em dia, sobram recursos tecnológicos, mas a grande maioria dos tecladistas se limita a utilizar um par de presets com timbres de fábrica. Imagine: se Roger Hodgson fosse desse tipo de tecladista, provavelmente o Supertramp e seus sons não teriam entrado para a história.

É importante ressaltar que, geralmente, o som final de um Wurlitzer em uma produção está sempre processado com a combinação de efeitos como chorus, phaser, flanger, delay, reverb, distortion, compressor etc. Por isso, alguns emuladores mais profissionais, além do timbre puro, sampleado, traz também a emulação de pedais de efeito e amplificadores de guitarra, possibilitando um controle em tempo real e individual dessas unidades, permitindo aos tecladistas timbrar seus sons com muita personalidade, com total liberdade e pensamento mais analógico. Daí a vital importância para os tecladistas mais jovens de estudar os fundamentos analógicos que estão por traz desses sons clássicos. Seguramente, ao conhecer algumas nomenclaturas e fundamentos chave, a palavra programação deixa de ser sinônimo de tabu e passa a ser sinônimo de diversão, e, a partir daí, os presets de fábrica se tornam apenas timbres-demo, ou pontos de partida para a criação de novas sonoridades, com uma característica exclusiva, personalizada, genuína, e portanto, legítima, como foi o caso de Roger Hodgson e o timbre de seu velho Wurly conectado em um DI e um chorus, com um leve delay no topo e apenas meia gotinha de reverb para não adoçar demais. Ah, claro, um bocadinho de compressão e overdrive, afinal, that was all about rock: "A miracle, oh it was beautiful, Magical...!"

PARA OUVIR

SUPERTRAMP
"Dreamer"

Conta a lenda que "Dreamer" foi composta por Roger Hodgson em seu piano Wurlitzer na casa de sua mãe quando ele tinha 19 anos. Naquela época, ele gravou uma demo da música usando apenas um piano elétrico Wurlitzer, caixas de papelão para a percussão e um microfone. Tempos depois, no estúdio, Hodgson jogou o sinal do Wurlitzer em um pedal chorus, e esse som, juntamente com sua voz, se tornou a marca registrada da banda Supertramp. Hodgson era conhecido como "The Hammerhands" (mãos de martelo) pois, além de ter as mãos grandes, ele batia nas teclas com extrema firmeza e sabia, como ninguém, tirar o som de um Wurlitzer. Veja o que o próprio Hodgson fala sobre o Wurlitzer em uma entrevista concedida ao jornalista Nick Deriso em 2012: "Sempre tive um estilo de teclado muito percussivo. A ação no Wurlitzer realmente permite uma tocabilidade percussiva e rítmica. No Fender Rhodes, você não pode fazer isso. Assim, fiquei muito atraído pelo Wurlitzer. Houve "Dreamer", "The Logical Song" e, na verdade, muitas outras com esse instrumento".

CAPÍTULO 11

Vox Continental

O vermelho genuíno! O órgão rebelde! O combo dos céus! O rei dos combos! Fica difícil encontrar uma frase de efeito única para apresentar com justiça essa máquina com mais de 50 anos de palco e que continua ativa até hoje: o Vox Continental.

A vida dos tecladistas pioneiros do rock and roll não foi nada fácil. Até a década de 1960, vários artistas e bandas utilizavam pianos acústicos e órgãos Hammond no estúdio. Mas, na hora de ir para o palco, a coisa se complicava. Os pianos eram pesados, desafinavam e eram extremamente difíceis de serem amplificados corretamente para serem ouvidos claramente no meio das guitarras elétricas e das baterias em performances ao vivo.

É claro que o todo-poderoso Hammond B3 estava disponível, mas era caro e igualmente pesado e complicado de colocar na estrada. No inicio da década de 1960, já havia modelos de órgãos Hammond "semi-portáteis" como o M-3, que, apesar de mais leve do que um B3, ainda continuava monstruoso. A Hammond estava agarrada à ideia de utilização de tonewheels como geradores de som, que é basicamente um conjunto de rodas metálicas girando em frente a captadores eletromagnéticos, uma por nota. Sem entrar em detalhes, imagine esse monte de rodas (normalmente 96), um motor para girá-las e um monte de captadores e o resultado não pode ser outro senão um instrumento extremamente pesado. Mas eis que, então, surgiu o transistor, e de repente, tudo começou a mudar.

O transistor

O transistor foi inventado em 1947 nos Laboratórios da Bell Telephone, por John Bardeen e Walter Houser Brattain, e foi o componente fundamental para a revolução da eletrônica que se desencadeou sobretudo na década de 1960. A descoberta foi tão significativa, que a equipe responsável pelo seu desenvolvimento ganhou o prêmio Nobel de Física em 1956.

O transistor é um componente eletrônico utilizado principalmente como amplificador e interruptor de sinais elétricos. É um semicondutor eletrônico que atua como oscilador, amplificador, comutador ou retificador, sendo um ótimo substituto para as válvulas. O uso de transistores em substituição às válvulas como componentes para amplificadores, fez que o tamanho dos dispositivos eletrônicos fosse reduzido significativamente. Além de gastar muito menos energia para operar, eram muito mais resistentes ao choque, e, portanto, melhores para colocar na estrada. E o melhor de tudo, eram mais baratos.

Seguindo a regra, os primeiros órgãos transistorizados foram construídos pensados para o entretenimento doméstico, mas rapidamente os roqueiros começaram a se interessar em levá-los para o palco. Os primeiros modelos não estavam realmente pensados para suportar a vida dura na estrada, e perto das guitarras e baterias da época, pareciam mais brinquedo de criança do que instrumentos de bandas de rock.

Então, no início da década de 1960, a empresa Inglesa JMI — que estava gozando de enorme sucesso com seus amplificadores VOX — enxergou uma oportunidade e resolveu voltar às suas origens como fabricante de órgãos, começando a trabalhar no desenvolvimento de um novo modelo de órgão baseado em transistores para substituir os pesados tonewheel em turnês de bandas de pop e rock.

A Vox, notoriamente uma das principais fabricantes de amplificadores, começou a vida como "The Jennings Organ Company", e fabricava órgãos para o uso doméstico e em igrejas. Em 1957, foram incorporadas como "Jennings Musical Industries", ou JMI. O nome "Vox" começou a ser utilizado nos amplificadores em 1958, e em 1962 foi lançado o Vox Continental, certamente o órgão combo de maior sucesso de todos os tempos.

O Vox Continental

O Vox Continental é simplesmente o rei dos órgãos combo. O instrumento possuía uma interface bastante semelhante à de um órgão Hammond (incluindo os drawbars e sets de vibrato), mas utilizava uma tecnologia completamente distinta. Isso permitiu um instrumento mais adequado para as demandas das bandas da época: muito mais leve, relativamente acessível, elegante, robusto, fácil de amplificar, e podia ser parcialmente desmontado e embalado em sua própria caixa para facilitar o transporte.

Conhecido pelo seu timbre rouco e brilhante mesmo nas regiões mais altas, era perfeito para solos rápidos e destacados. Uma das peculiaridades do Vox é o comportamento original dos dois drawbars da direita. O Vox original possui seis drawbars. Os quatro primeiros, na cor laranja, funcionam de maneira semelhante aos drawbars de tons dos Hammonds. Já os dois drawbars vermelhos da direita, atuam fazendo um corte geral de graves e agudos no timbre final. Em um órgão Hammond, cada drawbar gera um tom separadamente, que é identificado com uma indicação em polegadas, uma terminologia que vem dos órgãos de tubo. Ao puxar um drawbar, se aumenta o volume de cada um desses tons em passos graduais de 0 (sem som) a 8 (volume máximo). E empurrando um drawbar, se diminui o volume do tom correspondente a esse drawbar. O controle geral de corte de grave e agudo dá um controle muito útil e instantâneo para o organista timbrar um som mais estridente nos solos, e mais gordo nas harmonias.

Havia duas versões do Vox: o original com quatro oitavas — o Vox Continental — e o topo de linha com dual-manual — o Vox Super Continental. Seu teclado com cores invertidas, sua estante cromada de design elegante e futurístico e um acabamento impecável em vermelho pareciam perfeitos para os recentes televisores em cores de então. Sim, o Vox Continental é vermelho, e não por acaso os Farfisas eram também vermelhos e, hoje, os Nords são vermelhos. O Vox é o vermelho original.

O VOX Continental tornou-se, de imediato, um enorme sucesso e parte integrante do som dos anos 1960. Um dos usuários mais famosos do instrumento é Ray Manzarek, da banda The Doors: é impossível imaginar o som do grupo sem o VOX Continental. No final da década de 1960, Manzarek acabou trocado o seu velho Vox original utilizado nos primeiros álbuns por um Gibson G-101. O Vox já não aguentava a vida dura da estrada e acabava quebrando constantemente, exigindo reparos de última hora. Mesmo assim, periodicamente, o tecladista acabava voltando para o Vox em alguns concertos especiais. Há uma longa lista de outros usuários que ajudaram a tornar este instrumento um clássico. Como era um teclado razoavelmente acessível, o Vox logo chegou às mãos de inúmeras bandas de garagem e, durante a década de 1960, foi utilizado em muitos singles de sucesso. É provavelmente o órgão combo mais popular e mais presente nos grandes concertos históricos do rock e do pop.

Um fato curioso, é que havia muitas bandas durante as décadas de 1960 e1970, sobretudo no Brasil, que pareciam estar utilizando um Vox Combo, mas na verdade usavam outro teclado vermelho vintage muito popular na mesma época, o italiano Farfisa. Introduzido em 1965, esse instrumento era ainda mais barato e mais compacto que o Vox, e antes do final da década, apareceram dezenas de outras marcas de órgãos "combo" no mercado.

Os primeiros modelos do Vox pretendiam imitar o som de um Hammond, mas o timbre metálico e estridente desses órgãos acabou resultando em um novo som, com personalidade própria e que se tornaria instantaneamente identificável como um som genuíno dos anos rebeldes. Com o tempo, o inverso começou a acontecer: alguns músicos que não tinham acesso ao Vox tentavam simular o som dele utilizando o velho Hammond. Uma dessas histórias famosas é relatada justamente aqui no Brasil, com o organista de Roberto Carlos, o famoso Lafayette. Conforme diz a lenda, e o próprio confirma em entrevista, o estúdio da CBS tinha um Hammond B3 e um Farfisa, e com as configurações dos drawbars (ou registros no caso do Farfisa) combinadas com efeitos de estúdio, tentavam simular o som mais rock and roll do Vox. "Era um Hammond, modelo B3, com uma caixa Leslie", conta Lafayette. "A CBS também tinha um órgão Farfisa, mas eu não gostava muito. Eu achava o Farfisa muito estridente, mas alguma coisa a gente fez com ele, para dar um efeito diferente. Devo muito aquele som do órgão aos técnicos da CBS, especialmente o Jairo Pires, que depois virou produtor, e Eugênio de Carvalho, que mais tarde trabalhou na Globo. Eles melhoravam muito o som do órgão, botavam um tipo de eco que tinha lá na CBS, muito bom. Quando eu dava aquelas puxadas, dava um efeito... Eles davam ao órgão, além do som bonito que já tem, uma equalização, um eco assim diferente. Aquilo tudo ajudou a fazer aquele som, a sair aquele timbre legal", conclui. (Lafayette, a Entrevista — Fernando Rosa E Ricardo Kothe — 2/4/2004)

Dos anos 1960 para cá

Durante a década de 1960, praticamente todas as bandas de rock — do pop ao progressivo, do soul ao hard rock, e claro, a jovem guarda no Brasil — tinham que ter um organista. E não eram apenas para serem coadjuvantes: o órgão geralmente assumia um papel de destaque em várias canções e álbuns inteiros. Nesta época há quase tantos grandes solos de órgãos como solos de guitarra. E a maioria deles foi executada ou em um Vox, ou em um Farfisa, ou em um Hammond. O início da década de 1970, com a introdução de teclados e sintetizadores mais sofisticados, igualmente portáteis e ainda mais acessíveis, como o Moog, os órgãos VOX acabaram caindo em desuso e foram literalmente abandonados no fundo dos porões de vários estúdios. Abandonados, mas não esquecidos. Embora eliminados da produção no início de 1970, até hoje continua sendo "figura fácil" nos palcos internacionais, e permanece na lista dos órgãos combo mais procurados e desejados do mercado. Nas décadas de 1980 e 1990, foram ressuscitados para criar o som "retrô" de grupos como Stereolab, The Fleshtones e The Soup Dragons. O Vox é sem dúvida um dos principais atores na história da música pop e rock do século 20, e merece um lugar de destaque no panteão dos instrumentos de teclas.

Um dos solos prediletos em um Vox Continental é o executado pelo tecladista Alan Price, da banda The Animals, em "House of the Rising Sun", de 1964.

PARA OUVIR

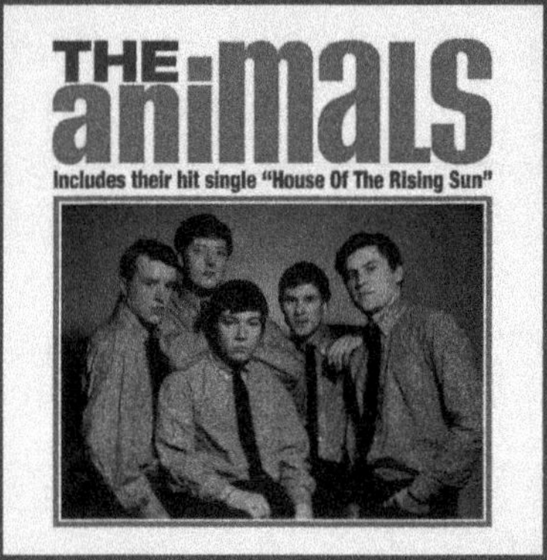

THE ANIMALS
"House of the Rising Sun"

CAPÍTULO 12

Mellotron

A música pop e sua cultura popularizaram inovações e instrumentos famosos como a guitarra elétrica, o piano Rhodes e o sintetizador, exemplos que rapidamente vêm à mente. Mas há outro um pouco menos conhecido, mas não menos importante para a música contemporânea: o Mellotron.

Talvez você nunca tenha ouvido falar do Mellotron e dos instrumentos Chamberlin, mas você definitivamente já ouviu muitos sons produzidos por eles. A memorável introdução de flautas em uma das obras-primas incontestáveis dos Beatles, "Strawberry Fields Forever", não foi gravada realmente com vários flautistas tocando, mas sim com um único Mellotron, instrumento eletrônico de teclas fabricado entre os anos 1960 e 1980, um dos mais amados e odiados de todos os tempos.

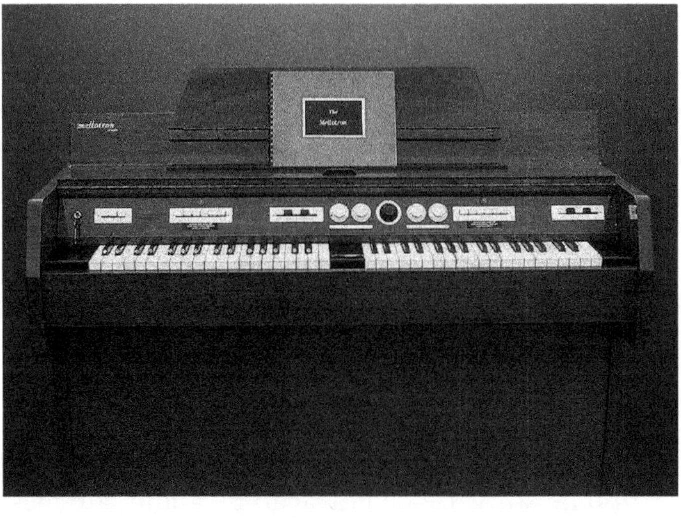

Ao contrário de um sintetizador convencional ou órgão eletrônico, o Mellotron reproduz seus sons a partir de amostras pré-gravadas em fitas magnéticas individuais. Foi desenvolvido a partir dessa tecnologia, com uma invenção do americano Henry Chamberlain, em 1946. Por fora, tinha aspecto de um órgão eletrônico comum, mas seu interior escondia uma ideia que provocaria uma verdadeira revolução na música das décadas posteriores: o teclado estava "conectado" a 35 fitas magnéticas, cada uma com um loop de áudio de 8 segundos. A máquina podia ser carregada com vários "bancos de sons" armazenados nessas fitas, dando ao músico uma série de diferentes opções ao toque de um botão.

Antes do tempo dos "samplers eletrônicos", o Mellotron era realmente a única maneira que um instrumento de teclado poderia ser usado para imitar um violino, ou uma pessoa cantando. E, ao contrário dos sintetizadores eletrônicos daqueles tempos, o Mellotron, era "polifônico", o que significava poder tocar várias teclas ao mesmo tempo para reproduzir o som agradável de um acorde musical.

Amostragem

Diferentemente do sintetizador analógico — que cria o timbre por meio da manipulação direta de correntes elétricas, o Mellotron reproduz gravações do instrumento real. Nesse sentido, pode-se dizer que o Mellotron é o pai dos samplers — equipamentos capazes de armazenar amostras de sons (samples) e reproduzi-las posteriormente — e, porque não, dos teclados arranjadores. O Mellotron foi, portanto, a primeira utilização do que se conhece hoje como técnica de "amostragem" ou "sampleamento".

A amostragem é uma ferramenta de produção musical muito comum e utilizada em todos os gêneros musicais, mais notavelmente no hip-hop, no R&B contemporâneo e na música eletrônica. É graças a essa técnica que, nos dias atuais, é possível capturar trechos de gravações e reutilizá-los em outras canções ou peças diferentes. As amostras podem consistir de uma parte de uma música, um loop de ritmo, um coro vocal, um set de cordas etc, que são reutilizados para construir batidas e texturas para uma nova canção. Atualmente, essas amostras podem ser capturadas a partir de uma infinidade de aparatos equipados com algum tipo de software de gravação de áudio, até mesmo telefones celulares, que podem registrar palavras, sons da natureza, trechos de filmes e programas de TV, sons urbanos e uma infinidade de fontes musicas e não-musicais. Por meio dessa técnica, músicos e compositores podem construir novos sons por amostragem de instrumentos que eles próprios criaram. Muitos sintetizadores e baterias eletrônicas modernas são baseados na tecnologia de amostragem, mais frequentemente denominados de samples, com instrumentos reais como a base de seus timbres. É particularmente nesse tipo de técnica de amostragem que se encontram o Chamberlin e o Mellotron, verdadeiros antecessores dos teclados samplers atuais.

História

A mais antiga forma de tecnologia de amostragem é conhecida como "Replay Tape", patenteada pela American Harry Chamberlin em 1949. Como diz a lenda, um dia enquanto tocava seu órgão em casa, Chamberlin utilizou um gravador para registrar seu modo de tocar. Depois de ter feito a gravação, teve um insight: "por que não construir uma máquina que reproduza as gravações desse (ou qualquer outro) som?". Se ele podia colocar o dedo sobre o botão "play" de um gravador de fita e obter uma clara gravação das notas de um órgão Hammond, então a lógica dizia que isso poderia ser aplicado às teclas de um teclado eletromecânico. E, se isso podia reproduzir o som de um Hammond, poderia fazer o mesmo com uma guitarra ou trombone.

A primeira máquina Chamberlain inspirada nessa ideia foi o modelo 100 Rhythmate. Foi inicialmente pensada para o mercado de órgãos domésticos, servindo consumidores que, sem habilidades musicais, mas com grande paixão pela música, poderiam soar como uma orquestra num toque de mágica. É claro que o empreendimento deu certo. Ao pressionar uma tecla, um mecanismo acionava o cabeçote que tocava a superfície de uma fita magnética, fazendo que qualquer som gravado em fita pudesse ser amplificado e reproduzido. Essa ideia simples permitiu que um instrumento imitasse praticamente qualquer outro. Satisfeito com o sucesso dessa máquina, Chamberlin abriu uma loja e continuou a produção e o desenvolvimento de novos modelos, até a série "M".

A bem da verdade, o Mellotron surgiu graças à inciativa de Bill Fransen, um dos funcionários de Harry Chamberlin, que, no início dos anos 1960, levou um Chamberlin Musicmaster 600 (uma máquina dual-manual com 36 teclas) para o Reino Unido e o apresentou a uma empresa britânica dirigida pelos irmãos Bradley, perguntando se eles poderiam melhorar o design e o mecanismo das fitas magnéticas. Com a resposta afirmativa dos irmãos e a fundação da empresa Streetly Electronics, o Musicmaster 600 tornou-se essencialmente o modelo Mellotron MkI que se conhece. Naquela época, os britânicos não sabiam que o instrumento tinha origem americana e era protegido por várias patentes, o que gerou certo estresse. Posteriormente, os Bradley e os Chamberlin chegaram a um acordo comercial em que ambas as empresas poderiam desenvolver as ideias iniciais em projetos futuros. Os Chamberlin, por exemplo, começaram a utilizar oito fitas de meia polegada com trilhas estéreo, enquanto o Mellotron se dedicou a desenvolver unidades mais acessíveis e portáteis.

O primeiro Mellotron teve o mesmo layout básico do Chamberlin 600, com dual-manual, um com amostras de ritmo e faixas de background e o outro, da direita, com sons tipo lead, como cordas, flautas e vários sons de órgão. Os primeiros usuários logo começaram a modificar essa configuração, simplesmente substituindo as fitas de ritmo por um conjunto extra de sons tipo lead. Um dos mais famosos exemplos da utilização de dois instrumentos leads em um Mellotron é a introdução de teclado de "Watcher of the Skies", da banda Gênesis. Segundo Tony Banks, tecladista do grupo à época, a introdução dessa canção foi imaginada para tirar partido dos pontos fortes tonais do Mellotron Mk II que ele estava usando no momento, com o teclado da esquerda com gravações de acordeon e o da direita com violinos e metais. Por outro lado, provavelmente o som de ritmo mais famoso do Mellotron é a introdução de "Bungalow Bill" dos Beatles.

Felizmente, jovens e criativos músicos profissionais ficaram interessados pelo Mellotron e o MkII tornou-se extremamente popular entre os grupos pop e rock do final dos anos 1960: Manfred Mann, Beatles, Rolling Stones, The Moody Blues, King Crimson e outros. As unidades MkI e MkII são enormes, construídas em madeira escura, tipo órgão de armário, com dois alto-falantes de 12 polegadas, um amplificador interno e peso de aproximadamente 160 kg.

O Mellotron M400 foi lançado em 1970. Tratava-se de um instrumento menor, com teclado de 35 teclas, em cor branca de madeira polida. Trazia uma nova biblioteca de sons, mesmo que algumas das bibliotecas mais velhas também pudessem ser usadas. Pesava "apenas" 55 kg e usava fitas de 3/8 de polegada com três sons em cada uma. Foi um modelo muito bem-sucedido, com mais de 1.800 teclados vendidos.

Utilização

O dia 2 de junho de 1967 foi um dia revolucionário na história da música popular: foi lançado o álbum *Sgt. Pepper's Lonely Hearts Club Band*, dos Beatles, que anos mais tarde seria considerado pela revista Rolling Stone o melhor álbum de rock de todos os tempos, revolucionário em todos os sentidos. Pouco tempo antes, enquanto a banda estava em turnê pela América do Norte, um Mellotron foi entregue na casa de John Lennon, em Weybridge, na Inglaterra. O astro pop tinha visto um Mellotron pela primeira vez em 1965, possivelmente a conselho de Mike Pinder, da banda britanica de rock The Moody Blues, em Londres, e nesse mesmo ano, tanto ele quanto Paul, Ringo e George compraram um. "Conheci John, Paul, George e Ringo e os apresentei o 'Tron'... Em uma semana, todos os quatro tinham um Fab-Tron. Eu sabia que seria recompensado e, na primeira vez que ouvi "Strawberry Fields Forever", fiquei em êxtase. Foi a coisa mais próxima de gravar com eles, juntamente com as minhas visitas à Abbey Road durante as sessões de gravação", conta Pinder.

Embora o Mellotron já houvesse sido usado antes por algumas bandas britânicas, as canções "Strawberry Fields Forever", dos Beatles (flauta), e "Nights in White Satin", do The Moody Blues (três violinos), em 1967, foram os primeiro hits internacionais com o uso do Mellotron, e a partir desses sons, esse equipamento se tornaria um arquétipo sonoro na consciência da música pop.

"Me lembro quando os Beatles trouxeram o primeiro Mellotron. Ele tinha sido feito principalmente para a reprodução de efeitos sonoros, mas também tinha flautas, metais e cordas", lembra Jerry Boys, engenheiro de áudio do Abbey Road. "Os Beatles usaram isso de uma maneira que ninguém nunca tinha pensado".

O M400 foi utilizado na estrada e no estúdio durante a década de 1970 por Led Zeppelin, Pink Floyd, Genesis, Yes, Deep Purple, Aerosmith, Wings, David Bowie e outros. Durante os anos 1980, o Mellotron caiu no esquecimento e permaneceu praticamente inutilizado, mas experimentou um renascimento durante a década de 1990, quando inúmeras bandas e artistas começaram a reutilizá-lo; Red Hot Chili Peppers, Lenny Kravitz, Primal Scream, Oasis, Radiohead, Air, U2, Monster Magnet, REM, Smashing Pumpkins e Manic Street Preachers. Depois de 2000, o Mellotron ganhou ainda mais popularidade e tem sido usado em batidas por Dido, Nelly Furtado, Daniel Powter, Robyn, The Black Eyed Peas e The Strokes, para citar alguns.

Atualmente, o Mellotron desfruta de notoriedade invejável, e os modelos de que qualquer um provavelmente ia querer distância há 15 anos, valem agora, no mínimo, algo em torno de 25 mil dólares. No entanto, se localizar um Tron original é raro e caro, seus timbres, ao contrário, são facilmente encontrados em bibliotecas de amostras de diversos teclados e softwares de instrumentos virtuais. O Mellotron nunca foi considerado obsoleto por polysynths e samplers.

PARA OUVIR

THE BEATLES
"Strawberry Fields Forever"

No mundo de hoje, a ideia de colocar uma unidade de reprodução de fita cassete debaixo de cada tecla em um teclado parece relativamente simples, quase óbvia. No momento da sua concepção, no entanto, tal ideia era revolucionária e controversa ao mesmo tempo. Harry Chamberlin nunca pretendeu que seu instrumento funcionasse como algo mais do que um dispositivo de entretenimento para a família. Ele nunca planejou comercializar seu produto para o mercado de massa ou tirar o emprego de algum músico com sua invenção, mas a Federação Americana de Músicos não viu dessa forma. Como trabalhadores sindicalizados, eles viram o advento do teclado de repetição de fitas Chamberlin como uma ameaça direta à sua indústria. Do dia para a noite, os sons sintetizados de dezenas de instrumentos foram colocados ao alcance de um único tecladista. Quem iria querer contratar uma banda de cinco músicos, quando poderia pagar um único cachê para um tecladista perito em Chamberlin reproduzir "o mesmo som"? O pensamento aterrorizante de desemprego levou a Federação Americana de Músicos a banir o dispositivo de todos os salões alugados para coquetéis, e em uma tentativa de dissuadir qualquer pechincha, ordenou que todos os tecladistas Chamberlin recebessem os salários de três músicos. Se essa ideia pega de novo...

CAPÍTULO 13

Clavinet Hohner D6

O Clavinet é mais um exemplo de instrumento originalmente pensado para uso doméstico que se tornou um sucesso e logo encontrou seu caminho para algumas das gravações mais influentes na história da música pop e rock.

A empresa alemã Hohner, fabricante do D6 Clavinet, é mais conhecida pela fabricação de gaitas e acordeons, mas também fabricou uma gama de teclados eletromecânicos (Basset, Guitaret, Cembalet, Pianet e, finalmente, o Clavinet), instrumentos inovadores e populares, especialmente nas décadas de 1960 e 1970. O responsável pelo desenvolvimento desses teclados para a Hohner durante a década de 1950 foi um músico e engenheiro alemão chamado Ernst Zacharias, um homem com a missão de modernizar e "eletrificar" toda uma variedade de instrumentos de teclas barrocos. Ele criou vários teclados para replicar instrumentos tradicionais, especialmente aqueles usados por Johann Sebastian Bach. Mas, ironicamente, os instrumentos de Zacarias foram utilizados para novas formas musicais e raramente para a música clássica como pretendido.

Ascendentes

Pianos elétricos produzem sons mecanicamente e esses sons são transformados em sinais elétricos por captadores. Ao contrário de um sintetizador, o piano elétrico não é um instrumento eletrônico, mas sim eletromecânico. Os primeiros pianos elétricos foram inventados no final da década de 1920 e, provavelmente, o modelo mais adiantado foi o Vivi-Tone, de Lloyd Loar.

A popularidade do piano elétrico começou a crescer no final dos anos 1950, quando muitos modelos foram projetados para o uso doméstico ou escolar, pois permitia o ensino simultâneo para vários alunos usando fones de ouvido.

Como essa era uma época de renovação na música pop, vários artistas começaram a se interessar por esses instrumentos por serem fáceis de transportar e amplificar e que, conectados a outros aparatos eletrônicos como pedais de efeitos, podiam resultar em uma infinidade de novos timbres para suas criações.

O Cembalet foi projetado na década de 1950 com o intuito de ser uma versão portátil do cravo ou um cravo-elétrico, que poderia ser amplificado, praticamente da mesma maneira que uma guitarra. No início da década de 1960 apareceram os primeiros modelos de Clavinet: o Clavinet I — com amplificador embutido; o Clavinet II — com filtros tonais; e o Clavinet "L" — com forma triangular bizarra, três pernas e teclado com cores invertidas. Todos juntos levaram ao modelo Clavinet "C" que, por sua vez, foi refinado no modelo D6, um teclado portátil amplificável, em uma caixa de madeira clara com pernas parafusadas. O instrumento possuía mecânica de teclas com incrível dinâmica. Bem, nem tudo era um paraíso. Os captadores eram propensos a causar "hum" e eram embutidos em resina epóxi, que se quebra facilmente e, segundo técnicos especializados no equipamento, é uma chatice para reparar. As teclas precisam ser ajustadas e o D6 pesa quase uma tonelada (na verdade, algo em torno de 40 Kg).

Clavinet Hohner D6

O modelo D6 foi lançado no final de 1971 e introduziu um projeto de captação de seis núcleos. Ao contrário do modelo C, o Clavinet D6 tinha maior controle do tom por usar um sistema de captação e um pré-amplificador mais sofisticado.

O modelo possui interruptores no lado esquerdo do teclado. Ao selecionar combinações diferentes, é possível escolher a posição dos diferentes captadores (em um sistema muito parecido com o de uma guitarra elétrica). Isso permite variar entre um som mais rico e complexo ou mais agudo e estridente. Há também ajustes para o brilho global, além de volume e controles mecânicos "mute".

Tal como acontece com guitarras eletroacústicas, é de se esperar que o som dos pianos e cravos elétricos também seja consideravelmente diferente do que o de um instrumento acústico. Esses instrumentos adquiriram uma identidade musical própria, muito além de simplesmente ser um piano portátil amplificado. O piano Rhodes, por exemplo, possui uma sustentação longa que permite flutuar pelos acordes de forma impossível em um instrumento acústico. O Hohner Clavinet, por sua vez, apresenta um som singular, instantaneamente reconhecível por seus riffs percussivos e dinâmicos.

O Clavinet Hohner D6 usa uma ação de martelo que, para produzir um tom, atinge uma corda contra uma superfície de metal. Possui teclado totalmente dinâmico, pois embaixo de cada tecla de um Clavinet há uma pequena ponta de borracha que atinge diretamente uma corda (parecida com uma corda de guitarra). As vibrações mecânicas dessa ação são capturadas por captadores magnéticos e convertidas em sinais elétricos, que são amplificados e reproduzidos pelos alto-falantes. Como as teclas estão em contato direto com as cordas, fica fácil tocar padrões rítmicos rápidos e cheios de dinâmica. Para entender isso, basta tocar em um Clavinet real. Só assim é possível experimentar o poder cativante desse instrumento extremamente percussivo. O músico logo percebe que o teclado é não apenas sensível à velocidade, mas também possui aftertouch. E se está falando aqui de sensibilidade mecânica: o Clavinet é um instrumento da era pré-MIDI. Com um pouco de técnica é até mesmo possível produzir vibrato simplesmente balançando a tecla pressionada. Na outra ponta da corda, estão os captadores magnéticos. No painel superior, as chaves — Brilliant, Treble, Medium, Soft, A / B e C / D — possibilitam uma vasta gama de timbres.

Como acontece com vários teclados eletromecânicos, a resposta dinâmica de alguns instrumentos musicais como o D6 transforma o simples ato de tocar em um momento de prazer absoluto. Se você encontrar um D6 por aí, não hesite em experimentá-lo. E se estiver à venda, garanto que você não vai se arrepender se o comprar. A Hohner deixou de fabricar Clavinets há anos, mas é possível obter peças de reposição e serviços de empresas especializadas em reparos de instrumentos vintage. Na Web, a principal fonte é www.clavinet.com.

Clavinet + Wah-Wah

Um dos grandes baratos dos teclados elétricos e eletrônicos é a possibilidade de conectá-los a pedais de guitarra, amplificadores ou qualquer unidade de efeito de áudio, proporcionando aos músicos uma ampla possibilidade de criação de sons. Assim como não é possível falar de Hammond sem falar em Leslie, também não dá para falar de Clavinet sem falar no Wah-Wah.

O Hohner D6 conectado a um Wah-Wah é a peça central de sons como os de "Superstition", de Stevie Wonder, e "Outta Space", de Billy Preston. Esse conjunto de equipamentos influenciou (e continua influenciando) milhares de tecladistas mundo afora. De funk, soul e reggae a rock, hard rock, disco etc, todos se renderam ao som metálico e percussivo característico desse instrumento originalmente criado para a música clássica, que processado por um wah-wah, ganha uma capacidade de expressão quase humana.

O que pouca gente sabe, é que o músico que teve a ideia genial de utilizar pela primeira vez um Clavinet com um Wah Wah não foi Stevie Wonder, mas um multi-instrumentista canadense chamado Garth Hudson, organista, tecladista, saxofonista e um dos principais arquitetos do som original do grupo de rock canadense-americano The Band. Hudson, que foi considerado "o organista mais brilhante no mundo do rock" pela revista Keyboard USA, foi quem utilizou pela primeira vez um Clavinet ligado em um Wah Wah, na canção "Up on Cripple Creek". Com o desempenho inovador de Hudson, o potencial dessa nova máquina misteriosa foi revelado e Stevie Wonder não apenas percebeu aquele poder como, claramente, soube como utilizá-lo de maneira magistral e, com "Superstition", catapultou aquele som metálico e percussivo para as profundezas do inconsciente coletivo da música pop. Esta foi uma parceria onde ambos saíram ganhando: o artista e o instrumento. Basta mencionar Clavinet ou Hohner D6 e a maioria dos tecladistas pensa imediatamente em "Superstition", de Stevie Wonder. E isso é totalmente compreensível, afinal, a devoção do artista com o Clavinet é tão grande que na música "Sweet Little Girl" é possível ouvi-lo sussurrando a frase: "You know your baby loves you more than I love my Clavinet", traduzindo: "Você sabe que seu bebê ama você mais do que eu amo meu Clavinet". Confira!

Quando "Superstition" foi lançada, em novembro de 1972, Stevie Wonder já tinha tido muitos sucessos em seu currículo e sua trajetória de fama já estava em andamento. No início daquele ano, buscando maior autonomia sobre a direção criativa de suas produções, começou a colaborar com os pioneiros da música eletrônica Bob Margouleff e Malcolm Cecil. Em vez de ligar o Clavinet diretamente ao console, Margouleff e Cecil resolveram experimentar, conectando todos os tipos de pedais de guitarra (como um phaser MuTron 5, pedais Wah Wah e todos os tipos de pedais de distorção) na saída do Clavinet. Stevie Wonder começou então a tocar e o resultado, pura mágica. Ou seria tudo "Superstition"?

PARA OUVIR

STEVIE WONDER
"Superstition"

CAPÍTULO 14

Fender Rhodes

Praticamente todo tecladista já ouviu falar sobre o lendário piano Rhodes ou Fender Rhodes. Muitos músicos o desejaram e muitos outros continuam desejando. É, sem dúvida, um dos timbres mais reconhecíveis da música ocidental nos últimos 60 anos e um instrumento que conquistou um lugar muito especial no coração e na mente de pianistas no mundo todo.

O Rhodes é um piano elétrico projetado pelo americano Herald Rhodes em 1942. Se tornou um instrumento absolutamente icônico na história da música, sobretudo do jazz, do pop e do rock, e até na bossa nova brasileira. Mesmo com o desenvolvimento de novos e poderosos teclados e pianos eletrônicos, um Rhodes original continua extremamente popular e não deixa de ocupar posições de liderança no ranking dos instrumentos mais cultuados por músicos de todo o mundo.

Os pianos elétricos começaram a se popularizar no final de 1950, quando muitos modelos foram projetados para uso doméstico ou escolar, pois permitia o ensino simultâneo para vários alunos usando fones de ouvido. Como era uma época de renovação na música pop, vários artistas começaram a se interessar por esses instrumentos, fáceis de transportar e amplificar, e que conectados em outros aparatos eletrônicos, como pedais de efeitos, podiam resultar em uma infinidade de novos timbres para as suas criações.

Diferentemente de sintetizadores ou teclados eletrônicos, os pianos elétricos são considerados instrumentos eletromecânicos pois produzem sons mecanicamente, posteriormente transformados em sinais elétricos por captadores eletromagnéticos, o mesmo princípio de uma guitarra elétrica. Esse tipo de instrumento se popularizou durante as décadas de 1960 e 1970 por serem as primeiras versões de pianos portáteis que, além de serem mais fáceis de transportar, eram também mais simples de amplificar nos grandes concertos de rock. Vale lembrar que o Rhodes dispensava o case, pois sua versão mais famosa, chamada Suitcase ("mala"), era desmontável e seu próprio corpo se transformava em um case pronto para a estrada.

Timbre

O tom de um Rhodes é produzido pela percussão de um martelo em bastões (tines) de metal. Para entender o funcionamento dos tines, pense em um diapasão de metal tradicional. Ele possui a forma de um "garfo", com dois dentes, que vibram em certa frequência ao serem percutidos. Cada tecla de um Rhodes possui um mecanismo parecido com um diapasão tradicional de metal, com um "dente" superior mais grosso, chamado tom-bar, e um dente inferior menor e ajustável, denominado tine, que absorve o impacto de um martelo de piano e vibra em uma determinada frequência. Esse sistema por si só não obtém grande ressonância, tornando necessária amplificação elétrica por meio de captadores eletromagnéticos para conseguir volume. Em um Rhodes, cada tine/tom-bar tem um captador que converte as vibrações acústicas em sinal elétrico, enviado para a saída de áudio e o amplificador.

A maioria dos pianos Rhodes usa martelos de piano com pontas de borracha para atingir o tine. Alguns modelos também integravam tremolo, vibrato e controles de agudos e graves.

O timbre de um Rhodes lembra um pouco o de um vibrafone ou xilofone: agudo, vibrante, delicado, mas percussivo. Combinado com efeitos como stereo-pan, chorus, phaser ou flanger, e nas mãos de músicos brilhantes, possibilitou atmosferas incríveis e inesquecíveis.

Rhodes Army Air Corps Piano

Para conhecer a origem do piano Rhodes, é preciso voltar no tempo para o início da década de 1940, quando o mundo vivia tempos turbulentos e enfrentava a Segunda Guerra Mundial. Espere um pouco! Guerra? Mas o que guerra pode ter a ver com música? Bem, a história do piano Rhodes é totalmente maravilhosa, talvez quase inacreditável.

Foi nesse período que Harold Rhodes, um pianista e professor de piano, foi obrigado a se juntar à guerra, ingressando no Exército Americano. Como professor de música, Harold Rhodes tinha uma maneira diferente de ensinar piano. Ele acreditava que as pessoas que querem aprender piano não deveriam ser treinadas simplesmente mecanicamente, mas também deveriam levar em conta a relação com o som e aprender como a música funciona. E a melhor maneira de se fazer isso seria construindo seu próprio piano! Ele desenvolveu seu método com apenas 20 anos de idade e, em 1930, já gerenciava toda uma cadeia de escolas nos Estados Unidos, a Harold Rhodes School of Popular Piano, baseada no sucesso de seu Método Rhodes.

Durante a Segunda Guerra Mundial, Rhodes foi obrigado a dissolver sua empresa pedagógica para se juntar à Força Aérea do Exército Americano. Por essas circunstâncias inexplicáveis do destino, foi solicitado a ele que fornecesse terapia e desse suporte moral para pilotos feridos em combate, ensinando música. Rhodes pensou rapidamente em aplicar seu método e, para entreter os pacientes no hospital, decidiu fazer um piano acústico portátil com o que tivesse à disposição. Bem no esquema de oficina de instrumentos musicais construídos da reciclagem de sucata, o objetivo não era criar um superinstrumento para músicos, mas apenas um pequeno piano que ele pudesse utilizar nas sessões de terapia. Procurando, percebeu que os tubos de alumínio hidráulico das asas de sucatas de bombardeiros B-17 tinham um bom tom quando cortados nos comprimentos de tubos de xilofone. Utilizando alguns tubos, fez um protótipo de um instrumento musical com 29 teclas. Imagine um piano de brinquedo, com 2 oitavas e meia de teclas de tamanho normal. O protótipo que se assemelhava a um xilofone e era completamente acústico recebeu um nome complexo — Rhodes Army Air Corps Piano. Os tubos criavam um som agradável, e as sessões de terapia Rhodes se tornaram conhecidas. O empreendimento foi um grande sucesso, e Rhodes foi condecorado com a Medalha de Honra por suas conquistas terapêuticas após a guerra. O que ninguém podia imaginar, é que aquele era o embrião de um novo tipo de piano, que causaria uma verdadeira revolução na história da produção musical ocidental. Inspirado no sucesso de sua invenção entre os militares, logo após o final da guerra, fundou a empresa The Rhodes Piano Corporation, focada na fabricação de instrumentos de teclas portáteis. Logo começou a fabricar uma versão aperfeiçoada de seu invento original, maior e amplificada e, em 1946, na famosa exposição NAMM, Harold Rhodes apresentou a sua novidade para o mundo: o primeiro piano eletromecânico, com 38 teclas, um amplificador de tubo, um alto-falante de seis polegadas e captadores eletromagnéticos. O instrumento vinha em uma caixa de madeira e era de tamanho bem pequeno quando comparado a um piano acústico. O problema é que isso dava a ele um aspecto quase de brinquedo, e o som também parecia de brinquedo se comparado a um piano acústico.

Durante os anos 1950, Harold Rhodes seguiu produzindo instrumentos e já era relativamente popular entre os músicos, quando Leo Fender, criador da primeira guitarra elétrica de corpo inteiro e proprietário da fábrica de guitarras e amplificadores Fender, se interessou pela invenção de Harold. A década foi totalmente dominada por Leo Fender, que, no espaço de apenas 5 anos, criou a Telecaster, o Precision Bass, a Stratocaster e uma linha de amplificadores clássicos. Rhodes deve ter ficado impressionado, pois ter sido abordado por Fender naquele tempo significava o mesmo que ganhar na loteria. Mas, nem tudo seriam flores na história do Rhodes.

Os anos Fender

Em 1959, a Fender finalmente incorporou a Rhodes, e Leo, que não gostava muito do tom agudo das oitavas superiores do Rhodes, resolveu ficar apenas com as 32 teclas inferiores que soavam na faixa do baixo, lançando o primeiro modelo em série do piano eletromecânico: o Fender

Rhodes Piano Bass. Durante os anos 1959-1965, isso foi um balde de água fria nos planos de Harold Rhodes. O único instrumento disponível era não um piano, mas um key-bass. Por outro lado, embora ainda tivesse certa aparência de brinquedo, mas com quatro pernas e um pedal que o faziam parecer mais robusto, acabou caindo no gosto e no som do grupo The Doors, o suficiente para tornar o Fender Rhodes conhecido mundialmente do dia para a noite.

De repente, em um certo dia de 1964, Harold Rhodes recebeu em sua oficina a visita de dois executivos que queriam conversar sobre a produção de pianos elétricos. Eram Goddard Lieberson e Don Randall, da gigante CBS. Alguns meses depois, Leo Fender vendeu a Fender e todas as empresas adjacentes para ela. Os representantes da CBS apreciaram muito o potencial de mercado do Piano Rhodes, e 1965 passou a ser o ano mais importante na história de Harold, que pode, finalmente, começar a fabricar seu modelo de piano elétrico planejado e aguardado nos últimos anos. Chegava a hora de o mundo conhecer o Suitcase Piano.

Suitcase Piano

O novo modelo Rhodes oferecia um teclado com 73 teclas de tamanho completo, uma caixa preta com o painel em prata, tremolo mono, um amplificador de 50 W e alto-falantes embutidos. E era pronto para a estrada. Como o nome sugeria, era literalmente um piano que virava case. O novo modelo possuía um sistema acústico melhorado e um amplificador, localizado diretamente sob o teclado. É graças a esse modelo que o instrumento passou a ser reconhecido em todos os lugares por causa de seu som único. Seu tipo de amplificação deu ao timbre densidade e calor sem precedentes, entregando um som com espessura. Alguns modelos foram equipados com controle de graves e agudos, dando ainda mais espaço para possibilidades sonoras dessa máquina. As primeiras unidades vinham equipadas com martelos com pontas de feltro, usados em pianos acústicos tradicionais, mas logo foram substituídos por martelos com pontas de borracha.

A CBS percebeu rapidamente o sucesso do Suitcase e apenas um ano depois lançou dois novos modelos. O Celeste — o mesmo Suitcase Piano mas com apenas 48 teclas, sem as oitavas inferior e superior — e o Student Piano — destinado a escolas de música e com um metrônomo incorporado.

Em 1967, o Piano Rhodes caiu nas graças do famoso tecladista e compositor de jazz Joe Zawinul, e pode ser visto em diversos concertos e discos de Miles Davis no final da década de 1960 e início da década de 1970. Nesse mesmo tempo, monstros como Chick Corea e Keith Jarret também se rendiam ao som do Rhodes, que começava a ganhar popularidade. Em 1969, o vibrato tornou-se estéreo e a saída foi aumentada para 2 x 50W.

Rhodes Mark I

A década de 1970 foi um ponto de virada na história dos pianos Rhodes. Os engenheiros decidiram retirar o sistema acústico, incluindo os alto-falantes, da parte inferior do instrumento e colocar o teclado em quatro pernas metálicas. Isso fez que o peso do instrumento caísse quase pela metade, por volta de 63 kg, facilitando muito seu transporte. Essa versão foi denominada Stage Piano Mark I, que, com um teclado completo de 88 teclas, facilmente transportável e pronto para se conectar aos sistemas de som dos shows ao vivo, caiu rapidamente no gosto de tecladistas como Chick Corea, Stevie Wonder, Herbie Hancock e muitos outros músicos, que passaram a utilizar o Fender Rhodes ativamente em suas músicas e shows.

Em 1970, foi a vez do lendário pianista de jazz Bill Evans se render ao som hipnótico do piano Rhodes no histórico álbum From Left to Right. O auge da popularidade do piano pop-rock se estenderia durante toda a década de 1970. Em 1972, a barra de tons foi alterada por uma barra de aço torcida e plana, mais leve e com melhor saída. Dois anos mais tarde, um executivo na CBS, Bob Bull, decidiu que o nome do piano elétrico deveria ser apenas Rhodes, e não Fender Rhodes, já que Leo Fender não tinha realmente "contribuído" por assim dizer. Nenhuma alteração foi feita além da placa de identificação. Muitas pessoas acreditam na lenda de que um "Fender Rhodes" é melhor do que apenas um "Rhodes", mas o nome é realmente a única diferença.

Durante praticamente 10 anos, o design do Stage Piano Mark I passou por várias mudanças, o que levou ao surgimento do segundo modelo de grande sucesso, o Stage Piano Mark II. Além da versão com 88 teclas, o MKII vinha também em versão com 54 teclas, que se chamava Rhodes 54, muito menor e mais leve. Desde então, várias versões foram produzidas: com 88, 73 e 54 teclas. A CBS teve dúvidas no início, mas Rhodes os convenceu a fazer o modelo com 88 teclas, e, depois, até aceitaram uma encomenda para uma versão de 92 teclas para Michel Legrand. Mas os músicos em geral preferiam um modelo com 73 teclas, enquanto que o menos comum era o modelo com 54.

O fim da era Rhodes

No início da década de 1980, a música digital começou a ganhar popularidade e isso afetou diretamente a história dos pianos Rhodes, sobretudo a partir de 1983, quando o piano Rhodes acabou sendo eclipsado pelo então todo poderoso sintetizador digital DX7 da Yamaha. Mas esse eclipse duraria apenas até a década de 1990, quando o senhor dos pianos elétricos voltaria a reinar soberano.

Para tentar competir com o DX7, foi lançado o maravilhosamente estranho Stage Piano Mark III EK-10, que combinava os princípios de modelos anteriores com a tecnologia digital dos sintetizadores eletrônicos. Um híbrido engraçado com eletrônicos integrados com sete formas de onda e muitas possibilidades de mistura entre o som Rhodes e os sons “sintetizados”. Podemos dizer que o Mark III era um sintetizador de duas vozes.

Em 1983, William Schultz, diretor da CBS, comprou a Rhodes, e no ano seguinte, lançou o último modelo da marca, o Rhodes Mark V, um instrumento muito bom, talvez o Rhodes definitivo. Cerca de três a quatro mil unidades foram produzidas durante dois anos. Com alterações na parte mecânica e corpo feito de plástico, as pernas foram substituídas por um suporte dobrável. Apenas três Mark V foram feitos com MIDI: um para Chick Corea, usado no álbum Elektric Band, um para John Novello e um para Steve Woodyard (se alguém encontrar algum deles por aí, nos avise, por favor).

Apesar da popularidade do instrumento entre os músicos, o entusiasmo geral pelos sintetizadores, que oferecia muito mais flexibilidade de timbres, fez que a produção de pianos fosse finalmente descontinuada em 1986.

A era Roland

Em 1987, a Rhodes foi incorporada pela gigante japonesa Roland. A corporação percebeu o potencial de mercado da marca Rhodes e lançou dois novos modelos: Mark 60 e Mark 80, que, na realidade, não tinham mais nada em comum com os pianos clássicos. O Rhodes deixou de ser um piano elétrico único e transformou-se em um sintetizador comum exclusivamente eletrônico, perdendo sua singularidade e passando apenas a "imitar" digitalmente o "som clássico dos Rhodes eletromecânicos". No Rhodes MK-80, ironicamente, o patch de maior sucesso é o chamado "Classic Rhodes".

Onde ouvir

O timbre inconfundível do Rhodes aparece em inúmeros sucessos da música ocidental nos últimos 60 anos, e acabou ficando associado aos gêneros electric jazz e rock. Com o surgimento da música eletrônica, ganhou vida nova e passou a ser um dos instrumentos favoritos dos produtores de chill-out e lounge music. Uma de suas primeiras aparições lendárias, foi nas mãos do tecladista Ray Manzarek, que tocava o seu então novíssimo piano elétrico Fender Rhodes em "Riders On The Storm". Ao longo dos anos 1970 e 1980, o som do piano Rhodes se tornaria constante em dezenas de baladas sentimentais, funks, jazz, rock e bossa-nova.

PARA OUVIR

JAMIROQUAI
"Supersonic"

CAPÍTULO 15

Minimoog

Baseado nos instrumentos modulares, o Minimoog é considerado o primeiro sintetizador desenvolvido especificamente para músicos.

Finalmente chegou a hora de falar do único, incomparável, supremo, adorável, esplêndido, fenomenal, fantástico, lendário, excelso, eterno — e todos os adjetivos possíveis — Minimoog. Indiscutivelmente o clássico dos clássicos, que influenciou tudo o que veio depois dele e deu início a uma nova era sonora. O verdadeiro Zeus do nosso panteão de teclados clássicos, que introduziu definitivamente os sintetizadores no mapa musical. Provavelmente o instrumento analógico mais reconhecível de todos os tempos, não apenas entre músicos e técnicos de som, mas também por fãs e aficionados por música no mundo todo.

Em 1970, quando o Minimoog foi lançado, a marca Moog já era consagrada, por causa do enorme sucesso do Moog Modular. Mas, nesse tempo, os sintetizadores estavam apenas começando a se tornar populares, e a maioria dos músicos tinha ainda muita dificuldade em entender o conceito e a usabilidade desse novo instrumento. Os sintetizadores não eram nem considerados realmente instrumentos musicais, afinal aquelas engenhocas modulares, cheia de botões e cabos por todos os lados, tinham mais aspecto de cenário de filmes de ficção científica, tipo Star Trek (Jornada nas Estrelas). Além disso, os sintetizadores modulares Moog eram produzidos apenas sob encomenda, e realmente demandavam grande conhecimento técnico para serem manuseados. Além de complicados e delicados, eram consideravelmente caros.

Por conta disso, até 1970, sintetizador era praticamente um sinônimo de "super-complicado", "não-musical", "parafernália-eletrônica", "difícil-de-transportar" — raramente eram levados para a estrada — e, obviamente, "muito-caro".

Para resolver esses problemas, Robert Moog usou praticamente as mesmas técnicas de seus gigantes sintetizadores modulares para criar um monofônico muito mais compacto, portátil, e com uma interface simples de usar. Com os olhos voltados claramente para a demanda que havia entre os músicos do rock e pop, com relação ao uso de sintetizadores em performances ao vivo, Robert Moog simplesmente incluiu as partes mais importantes de um sintetizador modular em um pacote compacto, sem a necessidade de cabos de conexão entre os módulos. A intenção era permitir aos músicos levar a mesma sonoridade dos grandes modulares para seus shows, e além de tocar, oferecer também a possibilidade de programar novos timbres rapidamente em tempo real, durante o show. O novo instrumento reteve todos os elementos mais importantes de seu predecessor modular, mas em um pacote muito mais enxuto, e sem os numerosos "complicados" e "assustadores" cabos de patch. Toda a parafernália necessária para gerar sons estava agora escondida dentro de uma elegante caixa portátil, com controles intuitivos, musicais e criativos. Isto possibilitava também um produto muito mais barato e acessível a uma gama muito maior de músicos.

O advento do Minimoog dava finalmente ao sintetizador o status de "instrumento musical", totalmente genuíno e autêntico em suas atribuições, digno de ser comparado com a invenção do órgão, piano ou violino. Por causa de seu som incrível, sua portabilidade e sua acessibilidade, foi o primeiro sintetizador a figurar nas prateleiras das lojas, e rapidamente se tornou um produto de massa, reivindicando até hoje, o direito de ser chamado de "pai dos sintetizadores modernos".

Design de instrumento musical

O design dos instrumentos musicais é certamente um fator importante que pode influenciar muito no seu som e na sua aceitação por músicos. No caso dos sintetizadores, embora o design não afete diretamente a qualidade do som, influencia totalmente a tocabilidade. Mais do que tudo, o que se espera de um instrumento musical é que tenha uma interface musical. E esse foi um dos grandes desafios que o projeto Minimoog superou. Finalmente, o sintetizador era um instrumento musical. Sua caixa compacta com controles intuitivos e um teclado de três oitavas e meia davam finalmente aos sintetistas a sensação de estarem tocando um instrumento musical de verdade.

Havia algo de sedutor no painel de controle, a começar por sua interface de usuário intuitiva, com um sistema de controle simples e logicamente organizado, que não só ajudou muito os músicos de seu tempo a compreenderem melhor o conceito de um sintetizador, mas, ainda hoje, continua sendo a melhor maneira de estudar e aprender os princípios básicos da síntese sonora. Cada parâmetro ajustável estava tão claramente definido no painel que o Minimoog se tornou uma excelente ferramenta para todos os interessados em síntese subtrativa clássica. Interruptores grandes e coloridos e um diagrama de blocos do painel frontal mostrava o caminho do sinal, tão claro que até mesmo um novato consegue entender rapidamente sua lógica. E a localização e o tamanho dos botões eram convenientes para ajustes em tempo real, mesmo para tecladistas de dedos grandes.

O painel de controle era móvel em relação ao quadro com o teclado, e podia ser levantado ou abaixado, conforme a conveniência do músico. Na posição de transporte, ele ficava na horizontal, e durante a performance, podia ser ajustado a qualquer ângulo, até 90 graus.

Arquitetura

Sua configuração de cabeamento interno, o caminho lógico do sinal (oscilador-filtro-amplificador) e o layout simples, definiram a arquitetura dos sintetizadores por décadas.

O Minimoog possuía um teclado de três oitavas e meia (44 teclas), e era monofônico, ou seja, tocava apenas uma nota por vez. Se o tecladista tocasse mais de uma tecla simultaneamente, apenas a mais baixa soava. O seu teclado não era sensitivo à velocidade, mas era extremamente soft, e permitia solos extremamente velozes. Os tecladistas de jazz e rock adoravam isso. E embora possuísse apenas 44 teclas, o pitch dos osciladores podia ser ajustado e a faixa musical disponível era de cerca de oito oitavas e meia.

Uma grande inovação foi a adição de um par de controladores de roda que o músico poderia usar para modulação de pitch e controle de efeitos em tempo real — Modulation Wheel e Pitch Bend Wheel —, utilizados até hoje. As duas rodas estão montadas à esquerda do teclado, ao lado da tecla mais baixa. A função da roda de pitch foi atribuída unicamente para controlar a afinação dos osciladores a partir de uma posição central padrão, determinada por uma mola, enquanto a roda de modulação vizinha não possuía mola e permitia controlar a profundidade do efeito vibrato. De acordo com muitos artistas, as rodas foram um fator determinante para tornar o Minimoog um poderoso instrumento musical para performances ao vivo. A função intuitiva e a sensação da roda do Pitch permitiram que os tecladistas criassem efeitos de flexão de pitch expressivos semelhantes àqueles que músicos como os guitarristas e violinistas alcançam ao "esticar" as cordas fisicamente ou usar barras "whammy". Nas mãos de um mestre, o Minimoog realmente canta, e encanta.

De acordo com Jan Hammer, "as rodas de pitch" transformaram o Minimoog em um sintetizador completamente único, e Roger Powell, dizia que as rodas de pitch e modulação eram "os controles mais humanos que os sintetizadores possuíam".

Apesar de vários fabricantes de sintetizadores terem usado muitos outros tipos de controladores à esquerda ao longo dos anos — incluindo alavancas, joysticks, controladores de fita e botões — as rodas de pitch e mod introduzidas no Minimoog tornaram-se padrão de fato, e desde então foi usado por quase todos os principais fabricantes de sintetizadores, incluindo Korg, Yamaha, Kawai e, inclusive, a Sequential Circuits, em seu inovador sintetizador programável polifônico Prophet-5. Uma exceção notável sempre foi a Roland, que praticamente em toda sua história nunca incluiu as rodas de Pitch e Modulation como controlador primário, já que possuía seus próprios Joysticks.

Geração sonora

Equipado com três osciladores, o som gordo e exclusivo do Moog chamou a atenção rapidamente. Basicamente, o painel de controle pode ser dividido em três seções: os geradores de sinal (três osciladores controlados por voltagem — VCO — além de ruídos rosa e branco), o filtro (controlado por voltagem — VCF) e o amplificador (controlado por voltagem — VCA).

Para produzir um som, o músico deve primeiramente escolher as formas de onda a ser gerado pelo VCO. Em seguida, o sinal é então roteado para o VCA, onde seu contorno é desenhado por um gerador de envelope ADS (Attack, Decay/Release, Sustain) dedicado. O filtro (VCF) e o amplificador (VCA) possuem geradores de envelope ADSD (Attack-Decay-Sustain-Decay) independentes. A saída do terceiro oscilador ou gerador de ruído pode ser roteada para controlar a entrada de voltagem dos filtros ou osciladores.

A quantidade de modulação de afinação ou filtro é controlada pela roda de modulação (modulation wheel). Dessa forma, é frequentemente usada para controlar a afinação (modulação do oscilador) ou o conteúdo harmônico (modulação da frequência de corte do filtro). Graças a essa configuração, o Minimoog é responsável por alguns dos melhores e mais ricos timbres analógicos de sintetizadores, baixos e leads da história da música.

O som era gerado pelos três osciladores (VCOs), e um gerador de ruído era fornecido a um misturador de cinco canais (o quinto canal era usado para a entrada externa, pois o Minimoog possuía uma entrada de áudio para processar sons externos em seus circuitos). Cada oscilador possuía seletor de oitava e de forma de onda. Oferecia seis formas de onda: triangular, uma mistura de triangular e dente-de-serra, dente-de-serra, retangular 1:2, retangular 1:3 ou retangular 1:4. O VCO 3, em vez de uma mistura de formas de onda triangulares e dente-de-serra, tinha uma dente-de-serra invertida.

Os VCOs 2 e 3 eram "ajustáveis" em relação ao VCO 1. O VCO 3 podia ser desligado a partir do teclado e usado como oscilador de baixa frequência (LFO) para modular geradores ou outro filtro. Um botão com o nome "mix de modulação" controlava se o VCO 3, o gerador de ruído, ou uma mistura do mesmo, seria usada como fonte de modulação. O gerador de ruído era capaz de produzir ruído "branco" e "rosa". Quando o interruptor estava definido para "branco", o ruído branco era enviado para o mixer, e o rosa era usado para modulação. Quando definido para "rosa", o oposto acontecia.

Na seção do oscilador, havia dois interruptores de tecla vermelhos. Um deles envolvia a modulação da frequência dos osciladores, e o outro permitia utilizar o terceiro oscilador como um LFO.

Quanto aos dois geradores de envelope, um controlava a frequência de corte do filtro, e o outro controlava o volume do VCA. Os envelopes eram definidos usando os botões Attack Time, Decay Time e Sustain Level. O Release é igual ao Decay Time, que podia ser ajustado para zero com o inerruptor "Decay" à esquerda do teclado.

O sintetizador oferecia ainda um gerador de tom em 440 Hertz para auxiliar na afinação dos osciladores, já que, como todo instrumento analógico, a afinação poderia oscilar dependendo da corrente elétrica e da temperatura do equipamento.

Sucesso imediato

Embora tecnicamente engenhoso, portátil, inovador e historicamente significativo, já que sua arquitetura impactou a indústria e o design de todos os sintetizadores criados depois dele, o que de fato tornou o Minimoog uma lenda foi sua capacidade de reproduzir timbres analógicos verdadeiramente excelentes, exclusivos e originais. A instabilidade do sistema, os tipos de filtros utilizados e a capacidade peculiar de sobrecarregar o som, enriquecendo-o com harmônicos, proporcionava um som com uma densidade "rara" jamais ouvida.

Sun Ra foi talvez o primeiro artista a gravar com um Minimoog, no álbum My Brother The Wind, de 1970. Foi seguido rapidamente por outros artistas influentes do jazz, como Chick Corea e Herbie Hancock. Na mão desses gênios, a velocidade de resposta e expressão do Minimoog era mais do que um novo som, mas uma nova maneira de construir solos de jazz absolutamente originais e incrivelmente virtuosos. Assim, começava a se formar a lenda.

A estreia do Minimoog nos palcos foi na turnê dos shows Pictures at an Exhibition, da banda inglesa Emerson, Lake & Palmer. O tecladista Keith Emerson foi o primeiro músico a excursionar com esse instrumento, em 1970. Várias das técnicas fundamentais do uso do pitch-bend foram desenvolvidas por ele e muito tecladistas aprenderam como usar o novo recurso seguindo seu exemplo.

Durante décadas, além de cair no gosto de vários artistas, os Minimoog foram também largamente usados na produção de jingles e vinhetas de muitos programas de televisão e rádio. Os seus sons graves são tão populares que é raro encontrar um sintetizador que não tenha o preset de baixo Moog.

Início de uma nova era

O Minimoog foi lançado em 1970 e produzido até 1981, e o Modelo D foi redesenhado extraoficialmente por várias vezes durante a década de 1990 até que foi reproduzido pela Moog Synthesizers com recursos novos e atualizados, como o sistema MIDI. Mas foi apenas em 2002 que o "novo" Minimoog oficial foi apresentado por Robert Moog com o nome de Voyager, abrindo as portas para uma nova safra de equipamentos produzidos pela Moog Music. Além desses, outros equipamentos buscam reviver a história e a sonoridade deste que é um dos maiores clássicos da indústria de instrumentos musicais, como o Studio Electronics Midimoog, o Studio Electronics SE-1, o plug-in VST Steinberg's Model-E e o Arturia's Minimoog V.

PARA OUVIR

RICK WAKEMAN
"The Six Wives of Henry VIII"

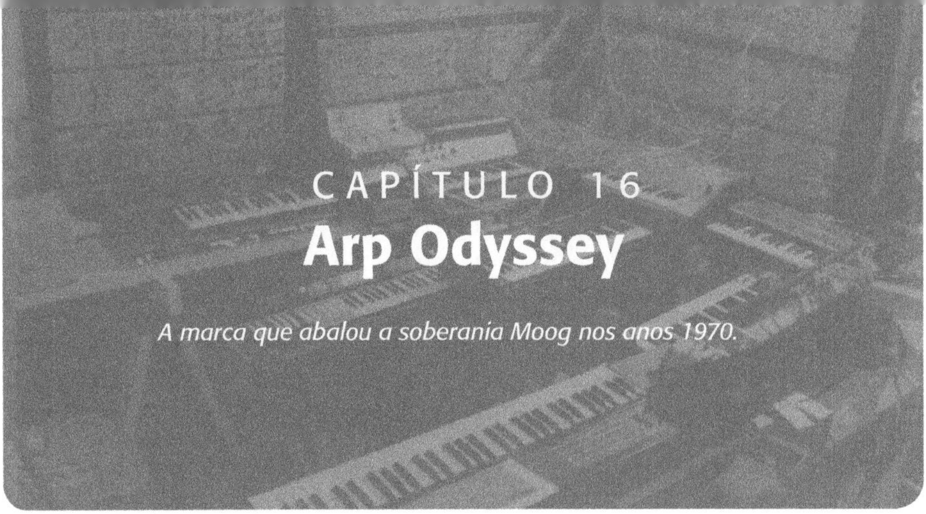

CAPÍTULO 16

Arp Odyssey

A marca que abalou a soberania Moog nos anos 1970.

No início dos anos 1970, a Moog dominava o mercado de sintetizadores. Mas, em apenas 2 anos, o mundo viu o surgimento e a rápida expansão de uma nova marca que poria essa autonomia definitivamente em cheque. Em 1972, o mercado de sintetizadores profissionais foi dividido em duas empresas que dominariam a cena por praticamente toda a década: Moog e ARP.

Em 1970, a Moog dominava completamente a cena, com o seu revolucionário Minimoog, o primeiro sintetizador compacto do mundo, poderoso e fácil de usar, que se destacava totalmente na era ainda dominada por enormes "dinossauros modulares analógicos". Mas essa soberania começou a se ver seriamente ameaçada quando uma ainda desconhecida ARP, introduziu no mercado um sólido sintetizador denominado ARP-2500.

Fundada por Alan Robert Perlman (suas iniciais formam o nome da marca — ARP), em 1969, a ARP Instruments conseguiu rapidamente se tomar uma daa líderes entre os fabricantes de sintetizadores modulares. Os sintetizadores ARP eram realmente excelentes e inovadores, e os modelos mais populares, Odyssey, Pro-Soloist, Omni e 2600, são todos considerados clássicos.

Tudo começou com o primeiro modelo desenvolvido, o ARP 2500, um enorme sintetizador modular. O diferencial do design desse modelo era que, em vez de cabos de conexão, utilizava grande número de comutadores matriciais, colocados acima e abaixo dos botões e interruptores do painel, substituindo o design do cabo de patch usado nos sintetizadores modulares da época. Essa estratégia de design exclusivo eliminou os complicados emaranhados de cabos que obscureciam o painel. Graças ao ótimo trabalho da ARP, seus ajustes eram muito estáveis, e o ARP 2500 tornou-se um produto de sucesso como uma ferramenta de pesquisa para as universidades. Era tão inovador que seu design futurista foi usado como base para o filme de Stephen Spielberg, "Contatos Imediatos do Terceiro Grau" (1977), como um dispositivo usado para se comunicar com uma espaçonave alienígena.

Um dos primeiros a adotar o 2500 no mundo da música popular foi Pete Townshend, da banda The Who. O 2500 pode ser ouvido em todo o álbum Quadrophenia. Muitas dessas partes foram gravadas no home studio do Townshend, já que o tamanho do instrumento dificultava o transporte e a instalação em vários locais.

ARP 2600

Em 1971, para não ficar atrás de seu(s) concorrente(s), a ARP lançou um sintetizador semi-modular portátil, recheado de vários recursos, o ARP 2600. Mais compacto que o 2500, o modelo foi projetado com o gerador de som e o teclado como unidades separadas. Era uma unidade de três VCOs na qual os módulos principais eram conectados internamente, mas os cabos de conexão também podiam ser interligados para criar sons complexos. Algumas características adicionais, raramente vistas em outros modelos, eram um alto-falante embutido e um spring-reverb.

O modelo 2600, embora mais compacto que seu predecessor, ainda continuava sendo uma máquina robusta, tanto no tamanho quanto no preço, e o Minimoog dominava os palcos com tranquilidade, em grande parte por causa de sua compactação e simplicidade. Mas isso não impediu que uma nova ferramenta aparecesse no arsenal de Stevie Wonder e The Who. Graças às suas características e sons especiais, esse teclado acabou sendo adotado por músicos influentes em muitas gravações, e acabou se tornando uma espécie de Santo Graal entre os instrumentos analógicos. Sua influência na música e no som se estende do álbum "Dig Your Own Hole", do The Chemical Brothers, até a voz do R2-D2 (Star Wars!), passando por Joe Zawinul, Stevie Wonder e The Who, obviamente.

ARP Odyssey

Mas o ARP 2600 e seu impacto revolucionário na música são apenas uma parte da história da ARP Instruments. Dê olho no sucesso do Minimoog, os engenheiros da ARP decidiram criar finalmente um sintetizador igualmente compacto e simples, e em 1972, o ARP Odyssey foi lançado! A novidade vinha em uma caixa elegante e compacta, com teclado de 37 notas, e oferecia o poderoso e funcional mecanismo de sintetizador ARP 2600, com uma interface muito mais simples. Ao mesmo tempo, o ARP Odyssey foi equipado com recursos muito mais flexíveis, alguns relevantes até os nossos dias.

De cara, o ARP Odyssey já se destacava do Minimoog (monofônico) por ter sido o primeiro sintetizador compacto duofônico (capacidade de tocar duas notas ao mesmo tempo). Além disso, equipado com dois VCOs, era notável por seu som nítido, e oferecia uma ampla e versátil gama de possibilidades de construção de sons que não estavam facilmente disponíveis em outros pequenos sintetizadores da época: várias funções e opções de modulação, como sincronização do oscilador, função Sample & Hold, pulse com modulação, filtro high-pass e dois tipos de gerador de envelope. O caminho do sinal do ARP Odyssey, projetado por David Friend e outros engenheiros da ARP, teve um grande impacto nos fabricantes de sintetizadores que se seguiram. Assim como o Minimoog, tornou-se o padrão para eras subsequentes, influenciando até mesmo os sintetizadores polifônicos e digitais que viriam mais tarde.

O surgimento do Odyssey acabou estabelecendo a posição da ARP como líder mundial em sintetizadores, ao lado da Moog. Como resultado, os anos subsequentes assistiu uma disputa acirrada entre usuários defensores do Moog versus apaixonados pelos ARP, igual em intensidade talvez, ao confronto de hoje dos adeptos das plataformas Mac e PC. Os defensores do Moog se gabavam dos três osciladores e do poderoso filtro que possibilitava o som gordo e quente do Minimoog, ao passo que os proprietários do ARP enfatizavam as poderosas capacidades de modulação e a estabilidade do Odyssey. Segundo relatos, a ARP finalmente acabou ganhando a batalha do mercado em 1977, quando obteve uma quota de mercado global de 40% dos sintetizadores analógicos, que na época estava dividida com outras novas empresas, como a Korg, Oberheim, Yamaha e Roland. Atualmente, tanto aficionados quanto especialistas em sintetizadores concordam que o ARP Odyssey está lado a lado com o Minimoog em termos de potência e qualidade sonora.

PARA OUVIR

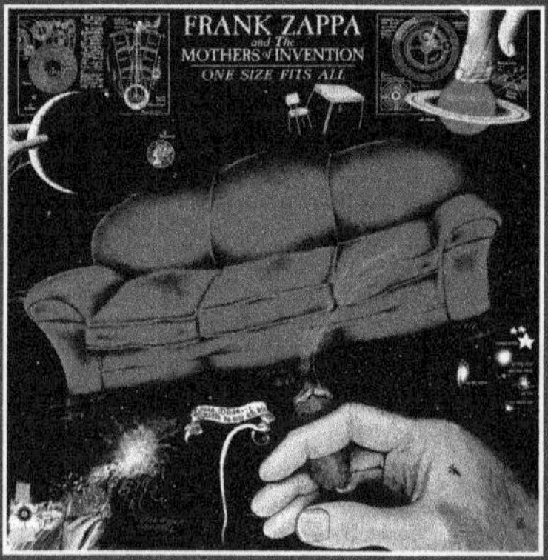

FRANK ZAPPA
"Inca Roads"

O Odyssey foi feito em três versões, cada uma com design diferenciado e filtro analógico exclusivo. A primeira era branca. A segunda (de 1977), era preta com marcações douradas no painel frontal. A terceira e mais comum (de 1977 e posterior), era preta com marcações laranja. A terceira versão tem uma entrada de áudio externa, uma estrutura de aço e está equipada com "controle proporcional de pitch (PPC)", outra importante contribuição da ARP para o desempenho de sintetizadores mais expressivos. Kraftwerk, George Duke e Herbie Hancock estavam entre os primeiros usuários e, definitivamente, esse fato também influenciou seu sucesso.

Pro Soloist

A recepção favorável do Odyssey deu origem a uma expansão adicional da linha de sintetizadores ARP. Dessa nova linhagem, o modelo mais bem-sucedido talvez seja o sintetizador com presets Pro Soloist (de 1972)

— que praticamente dominou todos os solos do Gênesis por mais de 10 anos — e seu sucessor, o ARP Pro/DGX (de 1977), que eram apreciados por organistas que usavam esse sintetizador como um terceiro teclado. Eles apreciaram a facilidade de troca de som e a maneira pela qual o aftertouch poderia modificar o timbre.

Houve ainda outros modelos importantes na história da ARP, que talvez ficaram até um pouco ofuscados diante do estrondoso sucesso do Odyssey, mas se tornaram também populares: os módulos polifônicos Omni, o ARP Sequencer e o maciço ARP Quadra. Apesar do sucesso do sintetizador Odyssey, a ARP deixou de existir em 1981. Então Odyssey, Pro-Soloist, Omni e 2600 se tornaram uma cobiçada raridade no mundo dos instrumentos vintage, que dominaram os leilões mundiais por mais de três décadas.

CAPÍTULO 17

Korg MS-20

O Korg MS20 tem um lugar único na história, pois foi um dos primeiros (e últimos) sintetizadores semi-modulares acessíveis disponíveis.

Em 1973, o primeiro sintetizador da empresa Keio Organ oferecia apenas um oscilador, não tinha controles de perfomance e usava uma nomenclatura tão estranha que muitas vezes era difícil descobrir o que ele fazia. No entanto, o Korg (Keio ORGan) 700 acabou por ser um excelente instrumento e tecladistas como Vangelis e Kitaro logo seriam vistos com ele. No ano seguinte, foi lançado o 700S, com um segundo oscilador, uma fonte de ruído, ring modulation e filter modulation, o que o tornava muito mais poderoso. O modelo foi seguido pelo 800DV, pelos presetados 900PS e M500, e pelo peculiar 770.

Então, em 1978, o Korg MS-20 foi lançado. Com base na tecnologia introduzida no ano anterior nos polysynths PS3100 e PS3300, o novo modelo pareceu inovar em preço e desempenho. Embora fosse um sintetizador monofônico, foi desenvolvido com rigorosa atenção ao gerenciamento de custos, a fim de criar um instrumento que fosse acessível ao maior número possível de pessoas, ao mesmo tempo em que proporcionava a flexibilidade conexões de um sintetizador modular.

PARA OUVIR

DAFT PUNK
"Da Funk"

Mas o MS-20 surgiu em um momento em que todos os sintetizadores eram Moog ou ARP e o modelo da Korg tinha outra característica sonora, o que fez que fosse visto por alguns tecladistas como "morno" e sem inspiração. O som que produzia foi ridicularizado em seu lançamento, mas agora atingiu status quase cult. Curiosamente, quando os engenheiros da Korg criaram a ROM para suas workstations da série T, incluíram muitas formas de onda amostradas do MS-20. Dada a popularidade dos modelos T e seus descendentes, é possível que o MS-20 tenha produzido alguns dos sons mais bem-sucedidos da era moderna.

O MS-20 foi um dos primeiros monosynths analógicos de sucesso da Korg. Trata-se do irmão mais "parrudo" do MS-10, modelo com apenas um oscilador semelhante em design e funções. O MS-20, por sua vez, possui dois osciladores analógicos e um painel semi-modular com muitos pontos de acesso por patch. Esse tipo de design era semelhante aos sistemas modulares da época, como ARP 2600 e Moog System, entre outros, mas de custo muito mais baixo. Com isso, era possível ter um sintetizador de peso semelhante ao Minimoog, mas com controle bem mais flexível a preço mais acessível.

Além de dois osciladores analógicos, o MS-20 apresentava dois VCFs, dois VCAs, Sample & Hold, dois envelopes (o primeiro com parâmetros Delay, Attack e Release, e o segundo com Hold, Attack, Decay, Sustain e Release), gerador de ruído, controle de modulação e painel completo com um botão por função. A seção do filtro (VCF) oferecia as opções de passa-alta, passa-baixa e passa-banda, além de rejeição de banda, o que o tornava único e diferente do filtro básico de passa-baixa. Fontes externas podiam ser roteadas através do filtro por meio do patch.

Em particular, o poderoso som do seu filtro tornou-se uma característica distintiva do MS-20, tornando-o representativo do "som Korg". O sintetizador também oferecia um conversor pitch-CV para processar sons de fontes externas o que permitia fazer o sintetizador trabalhar uma grande variedade de ruídos gerados externamente. O MS-20, além de ótimo sintetizador, era bastante fácil e intuitivo para operar. Por si só, estes provavelmente teriam sido motivos suficientes para garantir algum grau de sucesso para o humilde MS-20, mas a adição do patch-bay de 35 vias abriu o caminho para algumas experiências que elevaram o modelo acima de muitos de seus contemporâneos.

SQ-10

Através do patch, O MS-20 podia ser acoplado ao SQ-10, um sequenciador da Korg projetado para controlar os sintetizadores da série MS usando o sistema de CV/Gate da Korg.

O sequenciador SQ-10 possuía três linhas de controle independentes que podiam ser usadas simultaneamente para, por exemplo, controlar o VCO, VCF e tempo. Cada linha possui 12 passos, podendo ter duas em sequência para até 24 passos.

Utilizando duas fontes, podia-se obter sequências duofônicas, recurso muito útil na época. Como o SQ-10 envia CV, pode ser conectado aos osciladores, VCF (filtro) ou LFOs dos sintetizadores MS. E usando um conversor CV/Gate, o músico podia usar o SQ-10 com sintetizadores de outras linhas, como Roland, Moog, Sequential etc. Na era pré-MIDI, isso era um recurso muito útil.

MS-50

Essencialmente, o MS-50 era um sintetizador monofônico de um oscilador, como o MS-10, mas sem teclado. Projetado como expansão para os MS-10 ou MS-20, era totalmente conectável, tendo inúmeros pontos de acesso por patch.

Podia também ser conectado ao SQ-10, tendo o oscilador controlado por CV gerado pelo sequenciador.

A família MS foi usada por William Ørbit, Aphex Twin, Stereolab, Portishead, Vince Clarke, OMD, Daft Punk, Front 242 e Jean-Michel Jarre, entre muitos outros.

CAPÍTULO 18

Yamaha CS-80

O som enigmático e inesquecível de "Blade Runner – O Caçador de Androides" marcou a sonoridade do compositor Vangelis e influenciou várias gerações de tecladistas.

No final dos anos 1970 e início dos anos 1980, apareceram diversos sintetizadores analógicos polifônicos que são universalmente reconhecidos como clássicos: o Prophet-5, da Sequential Circuits, o Jupiter-8, da Roland e o OBX, da Oberheim, entre muitos outros. Mas, talvez, o mais desejado de todos tenha sido o Yamaha CS-80. Amado até hoje por músicos e colecionadores, o CS-80 possuía algumas características bastante surpreendentes para a época, como polifonia de oito vozes, patch de memória, um inovador teclado aftertoutch e um painel amigável com diversos controles fáceis de acessar.

Extremamente robusto, colorido, e com um som de arrepiar, o CS-80 é um dos sintetizadores mais enigmáticos de todos os tempos e foi a primeira grande contribuição do Japão para o mercado de sintetizadores. E quando digo grande, é em todos os sentidos. O modelo é um verdadeiro dinossauro analógico, com mais de 100 kg e dimensões de 120 x 30 x 68 cm. Para complicar, seus circuitos são extremamente delicados, e só pode ser transportado em flightcases. Os componentes de afinação são tão sensíveis que, se um CS-80 for transportado incorretamente, seguramente irá desafinar. Parece irônico agora, mas esta era uma versão mais portátil de um outro sintetizador Yamaha, ainda maior e muito mais caro, o GX1. O CS-80 também era caro, mas um pouco mais acessível. Além do alto preço, peso e dimensões monstruosas e da fragilidade dos componentes, outro ponto vulnerável do CS-80 eram os presets: apenas 26 não programáveis.

Todos esses fatores indicam que o modelo tinha tudo para ser um fracasso, principalmente levando-se em consideração que, no início dos anos 1980, apareceram vários teclados muito mais leves e mais confiáveis. O Juno 60, por exemplo, oferecia mais que o dobro do número de sons. Mas contra tudo isso, o CS-80 acabou emplacando como um dos sintetizadores mais desejados e populares de todos os tempos. A inigualável qualidade sonora do CS-80, por si só, já é capaz de compensar todas essas limitações. Os presets estão dispostos em dois bancos, que podem ser selecionados independentemente, em conjunto ou em camadas. Quando dois sons são selecionados em camadas e levemente desafinados, o CS80 realmente começa a cantar. Essa "desafinação natural" resulta em sons de sopro e cordas incomparáveis, e permite a criação de timbres totalmente complexos em termos harmônicos.

Vangelis, o grande mestre dos sintetizadores, foi um dos maiores responsáveis pela popularização do Yamaha CS-80, mas não o único. Se por um lado o preço e o tamanho levaram muitos pequenos estúdios e músicos autônomos a desistirem do modelo, os estúdios maiores e os grandes artistas logo se renderam a esse verdadeiro monstro eletrônico. Stevie Wonder foi particularmente apaixonado por ele. Diz a lenda que, certa vez, o músico quebrou o controlador de fita de tanto usar. O CS-80 aparece também em diversos sons de Michael Jackson, como em "Billie Jean", em que os acordes iniciais são tocados em em uma unidade pelo próprio cantor. Mas Vangelis foi o maior devoto, usando-o pela primeira vez em Spiral, de 1977, e na maioria de seus álbuns sucessivos. Em muitos aspectos, era sua arma secreta, e ele chegou a utilizar diversas vezes os próprios presets de fábrica nas gravações, como em *Blade Runner* e *Chariots of Fire*.

Quem também possuía um CS-80 eram os estúdios do canal britânico BBC de Londres. O ring modulator foi utilizado para criar o som que abre o tema da série *Dr. Who*. O CS-80 também pode ser ouvido em "Wonderful Christmas Time" (1979), de Paul McCartney, "Silent Running" (1981), de Klaus Schulze, e "The Burning" (1981), de Rick Wakeman, entre outros. Mais recentemente, foi utilizado por nomes como Daft Punk, Aphex Twin, Philippe Zdar, RJD2 e Soulwax.

Arquitetura sonora

Com dois osciladores analógicos por voz, o CS-80 possui uma arquitetura de som completamente analógica, e foi um dos primeiros polysynths "verdadeiros", o que significava poder tocar acordes sem problemas. As duas seleções independentes de oito vozes permitiam a combinação em camadas, o que resulta em sons extremamente profundos e complexos. Na verdade, o CS80 pode ser pensado como dois sintetizadores polifônicos em um, já que, na prática, o modelo oferece dois sintetizadores de oito vozes (total de 16 osciladores) trabalhando em conjunto e conectados a um único teclado. Cada voz tem um único VCO com geradores de envelope independentes, tanto para o VCF e o VCA.

Sounds at hand

Além de um som poderosíssimo, o Yamaha CS-80 oferecia um painel extremamente amigável e poderoso, o que dava ao tecladista um grande controle sobre diversos parâmetros do som. A começar pelo próprio teclado, sensitivo ao toque, com 61 teclas, e que apresentava também o surpreendente recurso de controle de aftertouch polifônico, permitindo uma tocabilidade com muito mais nuances dinâmicas, o que Vangelis soube explorar muito bem. Não apenas o volume de uma nota poderia ser controlado por meio da variação da pressão do dedo em uma tecla, mas toda uma gama de recursos, como velocidade e profundidade de modulação, brilho, pitch e outros parâmetros à mercê de seus dedos. A sonoridade acústica resultante era extremamente expressiva, e era possível fazer o teclado gemer ou gritar, simplesmente massageando as teclas. O aftertouch flexível faz do CS80 um instrumento ideal para solos expressivos, apesar do fato de que ele é um verdadeiro sintetizador polifônico. Enigmas e mistérios nunca haviam soado tão bem.

O CS-80 possui sliders e knobs de alta qualidade. Os controles deslizantes são reconhecidos por unanimidade entre os tecladistas como bons, robustos e fáceis de ajustar. Eles também são codificados por cores: verde para as características gerais do filtro, vermelho para a ressonância do filtro, branco para pitch, cinza para o volume, amarelo para sustain, e preto para outras funções. Muitos dos controles de desempenho têm um efeito drástico sobre os presets e devem ser definidos cuidadosamente antes de serem alterados.

O design do painel foi pensado e desenvolvido com a filosofia do "tudo à mão", e oferece uma grande quantidade de controles com acessos diretos e práticos. Por exemplo, as duas chaves, rotuladas Ressonância e Brilho, podem transformar totalmente e instantaneamente um som de robusto para delicado, ou de doce para áspero. Oferece também um útil controlador de fita longa para o pitch bend, localizado acima do teclado, e um poderoso ring modulator. Nenhuma dessas características eram únicas, mas sem dúvida, a Yamaha foi muito feliz ao disponibilizar esses recursos na melhor maneira possível do ponto de vista da execução de um músico. Ao contrário de rodas de pitch-bend e do ribbon controller dos Moog, a fita do CS80, por exemplo, não tem posição central, permitindo variar entre um pitch-bend incrivelmente suave ou totalmente brusco.

O ring modulator também apresenta algumas características singulares. Há cinco controles à sua disposição: Attack, Decay, Depth, Speed e Modulation. Apesar das aparências iniciais, o controle de Depth não tem qualquer relação com a quantidade de efeito do ring modulator: ele define o valor pelo qual os controles de Attack e Decay pode afetar a velocidade de modulação. Quando usado com mo-

PARA OUVIR

VANGELIS
"Blade Runner"

deração, o ring modulator também pode render algumas mudanças sutis no volume de um som, quase dando a impressão de que o sintetizador está "respirando". A Yamaha, sem dúvida, percebeu com muita antecedência o poder dos recursos morphing.

Conexões

No painel traseiro, há as saídas L, R e Geral. Há também um interruptor para escolher o nível de saída entre alto/baixo. Uma entrada P10 para o pedal e uma entrada externa, também com um botão para ajustar o nível de entrada. Embora o CS-80 ainda seja um teclado pré-MIDI (ainda não apresentava recursos e conexões MIDI), era possível uma modificação com um adaptador fornecido pela Kenton que possibilitava a implementação do recurso em um processo complicado e caro.

Lenda

A Yamaha é reconhecida pela criação e produção de várias lendas do mundo dos instrumentos musicais, sobretudo sintetizadores, mas a interface do CS-80 continua sendo insuperável, pelo menos do ponto de vista de um músico. Oferece verdadeiramente um ambiente de tocabilidade, que permite ajustar de forma musical e intuitiva, com liberdade e segurança, uma enorme quantidade de parâmetros do som do modelo. Com um pouco de treino, o teclado passa a reagir de maneira intensa ao jeito de tocar do artista, e acontece então uma simbiose músico-instrumento que permite chegar a resultados musicais inimagináveis. É simplesmente um prazer "brincar" com os controles do CS-80 e manipular as nuances do seu poderoso som com um teclado aftertoutch.

Há várias versões de softwares que emulam o som do CS-80 e possuem, muitas vezes, um som bem fiel ao original. Mas se o software resolve as inconveniências de peso, dimensão e fragilidade, em contrapartida perde justamente naquilo que o CS-80 tinha de melhor: controle total na ponta dos dedos. Não é por acaso que o CS-80 tenha desenvolvido um público fiel que perdura por mais de quatro décadas.

CAPÍTULO 19

Yamaha Electric Grand

Famoso pela qualidade e pela estabilidade, o modelo era considerado o Rolls-Royce dos pianos eletroacústicos.

Todos têm suas preferências. E algumas são mais notáveis que outras. Quando se trata de instrumentos de teclas, tudo depende do tipo de música que se vai tocar, independentemente do gosto em particular.

No caso dos pianos acústicos, por exemplo, o som do instrumento é extremamente complexo, mas um dos aspectos mais básicos e comentado diz respeito ao tom, se tende mais para o Bright (brilhante) ou Mellow (menos brilhante e mais aveludado). Um tom Bright, mais afiado ou alto, é aquele em que os tons mais agudos predominam. Em um tom mais Mellow, às vezes também descrito como "quente", as frequências mais baixas são dominantes. A maioria dos pianos está em algum lugar no meio e a sonoridade varia de uma parte do teclado para outra e da força com que o músico toca.

Cada tecladista tem um gosto particular que, obviamente, irá variar de acordo com o estilo da música. Pianistas de jazz, por exemplo, muitas vezes preferem um tom mais brilhante, enquanto os eruditos, geralmente, preferem um som mais aveludado e com grande gama dinâmica, ou seja, podem ser variados facilmente de suave a forte. No entanto, não há contabilização de gosto, e há muitas exceções a estas generalizações.

Obviamente nada tem maior influência sobre a qualidade tonal de um piano do que a qualidade e o tipo de cordas e martelos utilizados. Por causa do desgaste dos martelos pelo tempo, quando se lida com um velho piano, é comum que as teclas centrais, que são mais utilizadas, tenham um som mais duro do que as outras.

Electric Grand Piano

No final da década de 1950, surgiram os pianos elétricos — em uma época de renovação na música pop — e vários artistas começaram a se interessar por esses instrumentos, os chamados pianos retrô, ou vintage, que se popularizaram nos anos 1960 e 1970 por serem as primeiras versões de pianos portáteis. Além de serem mais fáceis de transportar, eram também mais simples de amplificar nos grandes concertos de rock.

Ao contrário de um sintetizador, o piano elétrico não é um instrumento eletrônico, mas eletroacústico. Os pianos elétricos produzem sons mecanicamente e os sons são transformados em sinais elétricos por captadores.

Os pianos eletroacústicos se subdividem, basicamente, em três categorias: pianos de Tines amplificados, como os Rhodes — em que as teclas acionam martelos de piano com ponta de borracha que atingem os tines ou bastões de metal produzindo o tom; os pianos elétricos Wurlitzer — que produz o tom quando um martelo de piano em miniatura atinge uma palheta (lâmina) de metal; e finalmente, o Electric Grand ou piano de cauda elétrico, como os modelos CP-70 e CP-80 da Yamaha.

Os CP foram fabricados e comercializados pela Yamaha durante as décadas de 1970 e 1980. A Kawai e a Helpinstill também produziram modelos de piano de cauda elétrico (electric grand), mas o CP-70 e o

CP-80 da Yamaha foram os primeiros no mercado e ainda são usados por muitos artistas. Ao contrário de um piano eletromecânico, um Electric Grand utiliza martelos e cordas de pianos acústicos, ou seja, esses instrumentos amplificam o tom produzido por um mecanismo essencialmente tradicional de piano acústico — martelos batendo cordas —, o que produzia um som muito mais rico em harmônicos e mais natural, mais "piano".

O CP-70, de 73 notas, e seu irmão maior, o CP-80, com 88 notas, eram relativamente portáteis pois podiam ser divididos em duas seções: o mecanismo com o teclado de madeira e os martelos, e as cordas reais fixadas em uma moldura de piano de cauda, do tipo harpa. Assim como um piano acústico, o som do CP-70/80 pode ser ouvido mesmo com a alimentação desligada, embora com muito menos volume do que um piano convencional. É óbvio que o uso de um mecanismo de piano tradicional resultava na necessidade de afinação e ajustes constantes, principalmente quando ia para a estrada. Surpreendentemente, esse piano segurava muito bem a afinação quando ficava parado e não sofria muitas mudanças de temperatura e umidade. Por isso, no estúdio, era muito estável.

O som era amplificado por um sistema de captação piezo (Piezoelectric) sob as cordas (como em uma guitarra elétrica), o que possibilitou um piano menor, mais leve e mais fácil de transportar. Esse método de amplificação via captadores também dispensava os microfones necessários em um piano de cauda convencional, e, assim, era muito mais fácil configurar o CP em um sistema de som. Ficava fácil, também, conectar pedais de efeitos. Sendo assim, não é nada incomum ouvir o som do CP processado com efeitos como chorus, delay e compressor, entre outros. Como foi concebido como um modelo para o palco, é coberto com uma capa de vinil preta (Tolex).

A construção, a engenharia e o som desse piano eram simplesmente incríveis. A sonoridade é muito original por conta de sua robustez. O instrumento produz um som rico e gordo, profundo, quente e, ao mesmo tempo, suave. É quase tão percussivo como muitos pianos de cauda, em particular a série C da própria Yamaha. As cordas das notas mais graves são mais curtas do que o normal, e a oitava mais baixa soa mais metálica do que em um piano acústico de cauda.

Ambos os modelos — CP-70 e CP-80 — possuíam um equalizador de três bandas para modificação tonal, de LF/MF/HF e vinham com efeito de trêmolo embutido. Havia também um controle de volume principal. O CP80 tinha um interruptor de três vias para o "brilho". Há também uma versão com recursos MIDI, o CP80M, mas este modelo é mais difícil de ser encontrado, pois teve poucas peças fabricadas.

Embora a fabricação dos modelos tenha sido interrompida quando a terceira geração de pianos digitais sampler — muito menores e mais leves — entraram no mercado, o CP ganhou status de instrumento original e não apenas uma alternativa portátil a um piano real para uso ao vivo. Ainda hoje, muitos artistas continuam usando o modelo em estúdio, em vez de — ou além de — pianos acústicos. Se no início foi utilizado por conveniência (pois ligar um cabo é muito mais fácil do que microfonar um piano acústico), atualmente é utilizado exclusivamente pelo seu som único e encantador.

Utlização

Graças à sua presença de palco imponente, ao teclado sensível ao toque e ao tom rico, brilhante e extremamente dinâmico, o Yamaha CP rapidamente caiu nas graças de muitos artistas, incluindo Tony Banks (Genesis), Howard Jones e Vangelis, e se tornou o piano turnê padrão nos anos 1970 e 1980. Outro usuário de destaque foi John Paul Jones, do Led Zeppelin, que usou um CP70-B nas turnês de 1977, 1979 e 1980, substituindo o Steinway que usava anteriormente. Além desses, Peter Gabriel, Abba, Stevie Wonder, Genesis, Hall and Oates, Journey e U2 também usaram o instrumento. No Brasil, uma legião de músicos de rock e jazz lançaram mão da sonoridade do CP. Não importava o estilo de música: o modelo estava por todos os lados, no jazz, no rock, no pop, na bossa-nova, no samba e até no baião irreverente de Hermeto Pascoal.

PARA OUVIR

CESAR CAMARGO MARIANO
"Samambaia"

CAPÍTULO 20

Synclavier

No início do século 20, quando foram inventados os primeiros instrumentos eletrônicos – precursores dos sintetizadores modernos –, eles eram enormes, caros, complicados e delicados. Por tudo isso, pelo menos do ponto de vista comercial, o negócio não deu muito certo. Mas foram as primeiras sementes de um instrumento que revolucionaria a música.

Na década de 1960, o aparecimento dos transístores permitiu o desenvolvimento de sintetizadores infinitamente mais leves e compactos, o que finalmente possibilitou a produção em série e a comercialização em massa a preços muito mais acessíveis. Uma nova concepção de instrumento musical imediatamente conquistou vários artistas dispostos a fazer uso da tecnologia para revolucionar a música. Amado por muitos e odiado por tantos outros, como toda novidade impactante, os sintetizadores se multiplicaram e se popularizaram durante as décadas de 1970 e 1980.

No início dos anos 1980, os sintetizadores eram uma ferramenta quase fundamental na produção de álbuns de pop e rock, e de trilhas para cinema. Naquele tempo, já era possível encontrar nas lojas sintetizadores para todos os tipos de gostos e bolsos. Mas havia alguns modelos mais sofisticados e mais caros, que ainda continuavam distantes do grande público e só podiam ser encontrados em grandes estúdios. Dentre eles, o mais caro e almejado de todos foi, sem dúvida, o poderoso Synclavier, o Rolls-Royce dos teclados vintage, que valia em torno de US$ 250,000.00, podendo chegar a US$500,000.00 com todas as expansões. Isso fez do Synclavier o nome mais imponente do universo dos teclados. E até hoje o equipamento continua sendo um mito. Além de ter sido o primeiro sintetizador completamente digital (síntese FM), possuía sistema de amostragem (digital sampling system) e sequenciador. Pode ser considerado a primeira DAW (Digital Audio Workstation) de verdade, um sistema integrado completo de ferramentas de produção de áudio.

Características

O sistema Synclavier típico consiste de um teclado de 76 notas conectado a um painel com 132 botões iluminados e uma grande roda de controle prateada, ligado a uma poderosa CPU montada em um rack, com dois ou três ventiladores que fazem um grande ruído, rodando um sistema operacional próprio (NED) de 16 bits. Em meados dos anos 1980, ganhou um monitor de vídeo monocromático e um teclado de computador. Os patches, arquivos de som, sequências e amostras eram armazenados em disquetes de 5 ¼' ou em discos rígidos.

A concepção e o desenvolvimento do protótipo do Synclavier inicial ocorreram no Dartmouth College, em 1975, com a colaboração do professor de eletrônica digital Jon Appleton, de Sydney A. Alonso e de Cameron Jones, um programador de software e estudante de engenharia. Em 1978, foi lançado o Synclavier 1, produzido pela New England Digital, que continuaria fabricando novos modelos até 1992. O Synclavier 1 era apenas um módulo de som (sem teclas) baseado na síntese FM, somente programável por meio do computador fornecido com o sistema. No ano seguinte, a versão 1 foi substituída pelo Synclavier II, com teclado de madeira integrado, um sintetizador aditivo híbrido FM com memória, sistema de amostragem e um sequenciador digital de 32 pistas, se tornando o primeiro dispositivo musical capaz de desempenhar a função de "estúdio sem fita".

Os primeiros modelos eram inteiramente controlados pelos botões no painel do teclado e a grande roda de prateada no extremo esquerdo. Pouco depois, surgiram modelos com uma tela monocromática conectadas em um terminal VT100 e um teclado de computador, permitindo controle adicional via software além dE funções realizadas no painel do teclado. Por ser um sistema modular, cada nova atualização podia ser acoplada aos modelos anteriores, inclusive os primeiros. O sistema de síntese Aditivo FM de apenas 8-bit resultava em um som profundo e gordo. A Yamaha viria a adotar uma versão de 16 bits baseado no sistema Synclavier em seu teclado DX7, mas, ao contrário do Synclavier, esse modelo era notoriamente difícil de programar e tinha um som menos gordo, mais áspero e digital.

No final de 1980, a empresa introduziu várias outras configurações, como sampling polifônico e grandes discos de armazenamento, oferecendo sistemas diferentes que foram focados na produção de música e efeitos sonoros para cinema, estúdios de gravação, e claro, em grandes performances ao vivo.

O Synclavier II era extremamente poderoso, mas, por ser também muito caro, se tornou uma figura da música high-end e estúdios de produção de trilha sonora (ainda continua sendo usado em muitos grandes estúdios). O modelo era especialmente caro pelo fato de que quase todos os seus componentes ou foram provenientes de hardware desenvolvido para fins militares ou foram projetados e construídos pela própria New England Digital, que criou o sistema para ser tão robusto quanto possível, construído em torno de seu próprio processador (CPU).

Concebido durante um tempo frenético de desenvolvimento de hardware e atualizações de software, o Synclavier II obteve enorme sucesso, sobretudo com a adição da capacidade de gravação e reprodução de amostras (sample) de som. Na época (por volta de 1982), memória RAM era extremamente cara e, por isso, os samplers concorrentes foram forçados a usar técnicas de amostragem de 8 bits. A New England Digital projetou a opção "Sample-to-disk" (o primeiro sistema de gravação em disco rígido comercial) que permitia a amostragem com incríveis 16 bits e com até 50 Khz. O que hoje parece irrisório, no início dos anos 1980 era um sonho. No entanto, como os discos rígidos eram lentos, só era possível a reprodução de amostras mono.

Em 1982, foi adicionado um novo recurso: o usuário não só podia realizar amostragens, como as amostras podiam ser ressintetizadas, usando o synth FM, tornando o Synclavier um dos primeiros samplers digitais (o Fairlight CMI foi o primeiro). Um terminal gráfico VT100 foi adicionado para permitir rodar um complexo software de análise e edição de sons em uma tela monocromática de computador. O recurso de ressíntese aditiva possibilitava que um som amostrado fosse recriado quadro a quadro em modo FM, permitindo possibilidades infinitas de criação. As primeiras dessas máquinas foram compradas por diversos institutos de pesquisa de áudio por causa de suas capacidades científicas. O Synclavier II era polifônico. A configuração básica possuía entre 8 e 32 vozes FM, podendo chegar a até 64 vozes com as expansões.

Outra adição importante foi o SMPTE time code (código de sincronismo de tempo). Incrivelmente, o Synclavier executa o SMPTE em varispeed, ou seja, se a velocidade da fita variar para mais ou menos, o sequencer do Synclavier percebe e se ajusta, possibilitando uma sincronia perfeita. O equipamento também possuía interface MIDI que por pouco não ficou de fora do projeto final, gerando muita controvérsia, pois os projetistas achavam que o MIDI não era profissional e adequado.

Sonoridade

O Synclavier é imediatamente reconhecível em muitos sons dos anos 1980, na música e no cinema, e foi utilizado magistralmente por artistas como Depeche Mode, Michael Jackson, Laurie Anderson, Herbie Hancock, Sting, Genesis, David Bowie e muitos outros. Foi particularmente defendido por Frank Zappa — um dos poucos artistas que possuía seu próprio Synclavier e radicalizava a ponto de compor especialmente para o instrumento eletrônico — e usado extensivamente em suas produções e performances. "O que tenho esperado desde que comecei a escrever música, era a chance de ouvir o que escrevi reproduzido sem erros e sem uma atitude ruim", disse Zappa. "O Synclavier resolve o problema para mim. A maior parte das composições que eu estou fazendo agora não são destinadas para as mãos humanas."

Synclavier PSMT

Em 1984, para resolver o problema do limite da amostragem mono, foi desenvolvido um novo subsistema de amostragem estéreo polifônica de 16-bit, juntamente com um novo processador mais rápido e poderoso para dar conta do recado. O teclado original foi substituído e passou a ser sensível à velocidade e ao aftertouch. Com acabamento em preto laqueado tipo piano e ostentando uma tela maior, uma grande variedade de botões extras e a característica roda de controle prateada, nascia um dos últimos modelos de grande sucesso, o Synclavier PSMT. Apresentando uma especificação fenomenal para 1984 (e inclusive para os padrões de hoje), o sistema havia se tornado uma verdadeira estação de trabalho digital, completamente autossuficiente.

Apesar de sua enorme popularidade em estúdios de gravação, o Synclavier inevitavelmente sucumbiu à concorrência dos computadores pessoais, cada vez mais poderosos e mais baratos, e sintetizadores MIDI e samplers digitais de baixo custo. A New England Digital acabou fechando suas portas em 1992, e muitos dos ativos da empresa foram adquiridos pela Fostex para uso em sistemas de gravação em disco rígido. Em 1993, uma nova Synclavier foi criada por ex-empregados da NED, como uma organização de apoio para os clientes Synclavier existente.

Se fosse para escolher o som mais notório do Synclavier na música pop, o escolhido seria o da introdução de "Beat It", de Michael Jackson. Em 1982, para produzir o álbum Thriller, o genial Quincy Jones empregou uma equipe dos sonhos de tecladistas e programadores de sintetizadores, incluindo pesos pesados como Greg Phillinganes, Steve Porcaro, Michael Boddicker e Tom Bahler. Mas aquele som fantástico e profundo de sino ou gongo sintético na introdução de "Beat It" foi uma cortesia direta do Synclavier II. Tom Bahler tinha ouvido um LP demo com faixas com sons de demonstração dos patches de fábrica do Synclavier II, chamado The Incredible Sounds of Synclavier II, *publicado pela primeira vez em 1981 e vendidos pela New England Digital, a fabricante do Synclavier. Um desses timbres chamou a atenção do sintetista, que teve apenas o bom gosto de aplicá-lo exatamente no lugar certo, no momento certo, e da maneira correta. Simplesmente tocando aquela famosa sequência de sete semibreves (G G E E G G D) com um dos patches nativos do Synclavier II, entrou definitivamente para história da produção musical. Se você possui ou pretende comprar este synth hoje (com os patches originais), você vai encontrar esse som no banco de memória, exatamente como ele soa na gravação. Depois de* Thriller, *o Synclavier foi amplamente usado por Michael Jackson em seus álbuns e turnês, em que era programado e interpretado por Christopher Currell.*

PARA OUVIR

MICHAEL JACKSON
"Beat It"

CAPÍTULO 21

Fairlight CMI

No início do século 20, quando foram inventados os primeiros instrumentos eletrônicos – precursores dos sintetizadores modernos –, eles eram enormes, caros, complicados e delicados. Por tudo isso, pelo menos do ponto de vista comercial, o negócio não deu muito certo. Mas foram as primeiras sementes de um instrumento que revolucionaria a música.

Os anos 1980 realmente deixaram muita nostalgia. Naqueles dias, nós, brasileiros, acabávamos de sair de um regime de ditadura militar e experimentávamos o gostinho da redemocratização e da liberdade. Para aumentar esse sentimento, o rock nacional explodia com Gang 90 e as Absurdettes, de Júlio Barroso, Blitz, Legião Urbana, Barão Vermelho, Kid Abelha, Léo Jaime, Uns e Outros, Lulu Santos, Lobão (também ex-Blitz), Ritchie, Inocentes, Cólera, Ratos de Porão, Ultraje a Rigor, Ira!, Titãs, RPM, Zero, Metrô, Kid Vinil e tantos outros. Surgiram o Circo Voador, Aeroanta, Carbono 14, Madame Satã e, finalmente, o Rock In Rio.

À parte das roupas coloridas e o estilo jovem da época, o que mais marcou a década foi, sem dúvida, o som, o som intenso, mágico, eletrizante, eterno e imortal dos anos 1980. E não me refiro apenas à indústria fonográfica, mas ao som da publicidade, do cinema, dos jogos e de tudo. O som dos anos 1980 simplesmente já não era o mesmo de outrora e, mais do que isso, era diferente de tudo o que jamais havia sido ouvido antes. Na TV, uma enxurrada de seriados de ação marcou época por meio de trilhas sonoras memoráveis.

O efeito dessa overdose sonora que começou naqueles tempos agitados parece ainda querer persistir hoje em dia, mesmo passados praticamente 30 anos. Jovens hipsters e sentimentalistas de meia-idade celebram o ressurgimento do vinil, enquanto estrelas da década, como A-ha ou Rick Astley, estão em turnê com suas músicas antigas e novas. Ao mesmo tempo, bandas jovens como Hurts, Chvrches e Drangsal celebram o som do sintetizador inconfundível dos anos 1980 nos seus novos hits e, nos bastidores, virou praticamente uma moda entre os fabricantes de instrumentos (e softwares) musicais o relançamento de modelos vintage nos últimos anos. Nomes como Hammond, Rhodes, Wurlitzer, Clavinet e Moog, nunca estiveram tão em alta como nos últimos anos.

Mas só quem era músico e viveu os loucos anos 1980 é que pode compreender a verdadeira dimensão e o que foram aqueles anos em termos de revoluções conceituais nos processos de criação e manipulação de sons. O som da década de 1980 era diferente de tudo o que jamais havia existido e, talvez, muito além do que havíamos imaginado em termos de possibilidades musicais. Uma das coisas mais surpreendentes que vimos surgir nessa época foram as DAWs — Digital Audio Workstation (ou Estações de Trabalho de Áudio Digital, em português). Nessa era pré-Cubase, quando o computador em si ainda era um "mistério" e uma ideia futu-

JEAN-MICHEL JARRE
"Ethnicolor"

rística, o surgimento das primeiras workstations musicais baseadas no computador pessoal, como Fairlights e Synclaviers, deixaram os músicos praticamente malucos. Inclusive, era difícil de entender o conceito dessas engenhocas naquele tempo. Tínhamos a sensação de que a tecnologia musical tinha chegado ao seu limite com aquelas primeiras e milagrosas máquinas digitais para manipular sons, que hoje podem parecer até banais, mas, na época, eram como verdadeiras caixas de pandora, abertas a todas as possibilidades imagináveis ou não no que diz respeito à manipulação sonora.

Como tudo dos anos 1980, Fairlights e Synclaviers estão de volta. É claro que o poder de computação de seus hardwares, que não chega nem perto dos nossos celulares atuais, não interessa tanto, mas as amostras de fábrica desses modelos estão na moda novamente.

O computador como ferramenta musical

Uma das coisas mais inimagináveis que ocorreram para a música e o áudio em geral foi, sem dúvida, o aparecimento dos primeiros computadores musicais. A história da música e do computador praticamente se confundem desde 1951, quando a primeira composição foi gravada no computador Ferranti Mark 1. Mas, durante muito tempo, essa relação só era perceptível no mundo acadêmico. Foi apenas durante o boom digital nos primeiros anos da década de 1980, que essa relação começou a ficar mais evidente na indústria musical, que foi pioneira na utilização do computador em larga escala. Expressões como bit, sistema operacional, software, sample-rate etc, passaram a fazer parte do vocabulário dos músicos que antes só falavam em colcheias, escalas e claves.

Em 1982, o Commodore 64 foi lançado, e os músicos praticamente descobriam um novo universo em termos de manipulação do som. Apenas um ano depois, surgia o MIDI, ou Interface Digital de Instrumentos Musicais, que permitia que instrumentos de diferentes fabricantes e computadores eletrônicos se comunicassem uns com os outros. Bem, o resto da história todo mundo conhece. Home studios, música eletrônica, Itunes, Cubase, Pro Tools, Logic, Plug-ins VST, enfim, a produção musical tomaria proporções jamais imaginadas antes da era das DAWs.

O surgimento das DAWs baseadas em PC

A adoção do computador como instrumento musical começou a se mostrar realmente viável à medida em que os microprocessadores assumiram o lugar de mainframes volumosos possibilitando o surgimento dos computadores pessoais no final dos anos 1970. Nesse período, foram desenvolvidas diversas máquinas digitais de amostragem e síntese, mas as duas primeiras estações produzidas em massa que mais se destacaram foram o Synclavier (lançado em 1977) e o Fairlight CMI (lançado em 1979). Ambos eram constituídos por CPU, conversores de áudio, monitor, dispositivos de entrada como um mouse, teclado do computador e, claro, o teclado musical. Exatamente a mesma configuração de uma DAW atual.

Mas embora semelhantes em tecnologia, estrutura, arquitetura e popularidade, esses modelos tinham uma diferença fundamental: enquanto o Synclavier era um poderosíssimo sintetizador aditivo de mais de US$ 200.000 com recursos de amostragem (sampler), o Fairlight era um autêntico sampler, com recursos de síntese aditiva digital, e bem mais econômico, na faixa de 30 mil dólares para uma configuração básica.

Embora possam parecer extremamente caros para os padrões atuais, temos que entender que nos dias que antecedem a indústria de placas de som para PC (ou mesmo PCs para esse fim), essas empresas pioneiras tinham que desenvolver praticamente tudo (do hardware ao software). O Fairlight executava inclusive seu próprio sistema operacional, conhecido como QDOS (uma versão modificada do sistema operacional Motorola MDOS) e possuía um menu controlado pela interface gráfica do utilizador, ou GUI em informática. Essa tecnologia era tão vanguardista que apenas os maiores estúdios e os músicos mais afortunados tinham acesso a eles. É claro que, naqueles dias, ninguém imaginava que aquelas máquinas embriões das DAWs se popularizariam tanto a ponto de ameaçar, inclusive, a sobrevivência de muitos estúdios a partir dos anos 1990, com o surgimento de gravações domiciliares feitas totalmente no computador que passaram a rivalizar diretamente com as produções dos estúdios profissionais. Mas, no início dos anos 1980, Fairlights e Synclaviers eram exclusividade desses grandes estúdios.

O Fairlight pode ser ouvido em muitas gravações e trilhas sonoras da época de artistas como Kate Bush e Duran Duran, e foi amplamente utilizado na TV, seja nos documentários da BBC, ou na indústria de filmes e seriados dos anos 1980.

O som de Miami Vice

PARA OUVIR

JAN HAMMER
"Miami Vice"

Quem viveu durante os anos 1980 seguramente vai se lembrar de um seriado de TV chamado Miami Vice. A série foi tão popular no mundo todo, que esse nome acabou quase virando um sinônimo da década. A história girava em torno de dois policiais, tráfico de drogas, muita ação etc. Mas a trilha sonora, era incrível. E não era uma questão de acordes bacanas ou melodias inteligentes. O que era mais discrepante e nos enlouquecia naqueles tempos era o design do som.

É claro que a maioria dos telespectadores, sobretudo os não músicos, não faziam nem ideia que aquela música instrumental que dava vida e alma ao seriado, aquele tema hipnótico, sintético e cheio de sons pulsantes e texturas que tocava durante os créditos — e todo o resto — era resultado do som de uma banda de um só músico. Na verdade, um só músico e um só instrumento musical: Jan Hammer e Fairlight CMI.

Sampler e síntese baseada em amostras

O que era mais notável no Fairlight, era a sua capacidade em lidar com amostragens de ondas. Diferentemente dos sintetizadores populares naquele tempo, o processo inicial de criação de som em um Fairlight CMI era a amostragem, e se dava pelo processo de captação de uma onda emitida por uma fonte sonora real. Em termos gerais, pode-se dizer que o sampler é, basicamente, um magnífico gravador e reprodutor de sons, e era a grande novidade dessa máquina, que permitia que qualquer som gravado pelo usuário pudesse ser transformado instantaneamente em tons musicais e utilizados como matéria-prima para fazer música. Em vez de depender de tons gerados por osciladores, chips de computador, ruído branco ou outra tecnologia de síntese, essas máquinas usam gravações de amostras (amostras = samples) de sons de instrumentos reais (piano, violino ou trompete, por exemplo), trechos de canções gravadas (um riff de guitarra ou batera de cinco segundos de uma canção funk, por exemplo) ou outros sons (buzinas de carro, sirenes, ondas do mar etc). Isso permitia uma autenticidade quase absoluta, inimaginável mesmo para os poderosos sintetizadores aditivos digitais.

Suas amostras eram armazenadas em discos de 8 polegadas, podiam ser carregadas ou gravadas pelo usuário e manipuladas digitalmente por meio da síntese aditiva e filtros. O resultado sonoro era então reproduzido por meio do próprio programa de amostragem.

Como uma única amostra podia ser modulada em tons diferentes através do pitch-shifted (transpose), uma única amostra (uma nota) podia ser utilizada para compor várias escalas. Um controlador MIDI ou sequenciador era então utilizado para executar ou compor uma música.

Os primeiros instrumentos de amostragem

Os primeiros instrumentos musicais que utilizaram a ideia de amostras para produzir tons foram os "teclados de reprodução de fitas magnéticas". Com o advento da tecnologia digital, o mesmo princípio foi aplicado, com a substituição das mídias analógicas (fitas) por digitais (discos de memória) e, embora a amostragem digital tenha aparecido já na década de 1960, os primeiros modelos comercialmente disponíveis foram o Computer Music Melodian, de Harry Mendell, e justamente o CMI (Computer Musical Instrument), da Fairlight.

Foi o Fairlight que realmente se destacou e, embora primitivo para os padrões de hoje, foi verdadeiramente revolucionário para seu tempo. Foi originalmente projetado para criar sons modelando parâmetros da forma de onda em tempo real. No entanto, o poder de processamento disponível na época era incapaz de realizar esses feitos, então dois designers australianos de instrumentos eletrônicos, Peter Vogel e Kim Ryrie, tiveram a ideia de inverter essa lógica e utilizaram sons pré-gravados como ponto de partida na construção do som, o que trouxe resultados muito mais bem-sucedidos. EBN-OZN, Icehouse, Herbie Hancock, Thomas Dolby, Kate Bush, Peter Gabriel, Todd Rundgren e Duran Duran foram alguns dos primeiros na fila para adquirir o novo sampler Fairlight.

Um estranho no ninho

O Farilight era uma autêntica novidade em todos os sentidos, inclusive no que diz respeito à sua nacionalidade. Nem Silicon Valley, nem Japão nem Alemanha. O instrumento musical eletrônico que mudaria a música e a indústria da música havia nascido em terras pouco usuais no universo da tecnologia musical, terras de um calor abrasador, de desertos, repleta de koalas e cangurus: a Austrália. Em 1979, o australiano Fairlight Computer Musical Instrument (CMI) tornou-se o primeiro amostrador digital comercialmente disponível no mundo.

O primeiro comprador foi ninguém menos do que Stevie Wonder, seguido por Kate Bush e Peter Gabriel. Gabriel gostou tanto do brinquedo que criou a Syco Systems na Inglaterra com seu primo e se tornou o importador e distribuidor europeu da Fairlight.

Características e interface

Até hoje há modelos funcionando por aí, mostrando que o Fairlight CMI foi muito bem construído, apesar de montado artesanalmente. O primeiro Fairlight CMI - Series I consistia em uma unidade de processamento de rack - CPU, um teclado musical sensitivo à velocidade, um teclado de computador e uma tela de computador monocromática exclusiva. O Fairlight tinha ainda uma interface gráfica orientada por menu que poderia ser controlada com uma caneta especial sensível à luz. O Fairlight original podia rodar sons com 8 e 16 bits de profundidade, com até oito vozes de polifonia e tinha uma funcionalidade básica de sequenciador. As versões posteriores aumentaram a qualidade da amostra, a polifonia, o suporte adicional para MIDI (uma vez que foi inventado), o aftertouch, e apresentou um sequenciador mais avançado conhecido como "Page R".

De 1979 a 1985, foram lançadas três versões do Fairlight (I, II e III). Cada nova série adicionou algumas atualizações e melhorias. Por exemplo, os modelos I e II tinham apenas 16 kbytes de memória por voz e apenas oito vozes de polifonia, mas a terceira geração já tinha memória de alguns megabytes e polifonia dobrada. A série II foi o primeiro modelo que oferecia a arquitetura MIDI e a série III ganhou a capacidade aftertouch.

Todos possuíam rodas de modulação, um teclado alfanumérico com 82 teclas, 15 teclas de funções especiais separadas, um monitor gráfico para desenhos de ondas de sons e monitoração do processo de amostragem e sequenciador.

A capacidade de amostragem do Fairlight era o coração dessa máquina: profundidade de 16 bits com taxa de amostragem de até 32 kHz! Imagine, naqueles tempos? A versão final utilizava o som com uma resolução de 16 bits e a amostragem foi melhorada de 24 kHz para 32 kHz. No Fairlight 3, a memória usava 28 MB para 16 vozes de polifonia — simplesmente incrível! Era possível processar o som em todas as direções, editar, esticar, criar loops, fazer cortes, inverter a onda e muito mais. Quanto à síntese, o Fairlight também não decepcionava. Era possível, inclusive, desenhar facilmente qualquer forma de onda em um monitor especial com uma caneta de luz. Havia ainda a possibilidade de síntese vetorial, onde se empilhava várias ondas e se alternava suavemente de uma forma para outra.

Bob Moog disse durante uma palestra em que demonstrava o Fairlight CMI: "...os músicos são manipuladores de sons, e se não tiverem nada à disposição, irão fazer música até com entulhos e lixo. E claro, o mesmo se aplica ao contrário. Se você oferecer a um músico uma grande e rica variedade de sons, ele vai logo transformar isso em música, afinal essa é a natureza dos músicos". O aparecimento de máquinas como o Fairlight inaugurava uma nova era para músicos de todo o mundo, com o surgimento do conceito das bibliotecas de sons. Se hoje é comum que praticamente qualquer tecladista leve consigo sua própria biblioteca com milhares de patches em um único pen drive, antes do surgimento dos computadores com discos flexíveis isso era praticamente inimaginável. O Fairlight foi um dos primeiros sistemas a utilizar esse recurso de armazenamento e transporte de sons. Todas as amostras e formas de onda podiam ser salvas em um disquete ou no disco rígido. Quanto ao sequen-

PARA OUVIR

KATE BUSH
"Babooshka"

ciador, era bem semelhante ao DAW moderno, afinal, essa ideia nasceu justamente com o Fairlight!

Uma das características mais significativas e notáveis do Fairlight foi introduzida na série II, chamada de "Page R", um software sequenciador que combinava step sequencing com reprodução de amostras. Essa poderosa ferramenta pesava muito na decisão de compra dessa máquina. É claro que foi amplamente copiada em outros sintetizadores e softwares desde então, e sua interface e arquitetura continua ainda sendo a base estrutural das DAWs atuais.

Qasar M8

O Fairlight CMI é fruto da evolução de um sintetizador anterior, chamado Qasar M8, uma "tentativa" de criar sons modelando todos os parâmetros da forma de onda. Infelizmente, sobretudo por conta do limitadíssimo poder da computação disponível naqueles dias, os resultados foram decepcionantes.

Desde a década de 1960, o engenheiro eletrônico australiano Tony Furse trabalhava para desenvolver um instrumento musical eletrônico capaz de sintetizar digitalmente formas de ondas complexas, como percussão e instrumentos orquestrais. Em 1972, Furse montou sua própria empresa, a "Creative Strategies", em Sydney, na Austrália, e lançou seu primeiro produto, um sintetizador monofônico híbrido digital/analógico nomeado Qasar I. Apenas dois protótipos foram construídos, mas, mesmo assim, o instrumento atraiu a atenção do compositor de música eletrônica Don Banks, responsável pelo departamento de Estudos de Composição e Música Eletrônica na Escola Canberra of Music. Banks persuadiu a instituição e o governo federal a financiar o desenvolvimento do Qasar e contribuiu com seu conhecimento e experiência em usar instrumentos eletrônicos, como o VCS3, para o projeto. O resultado dessa colaboração foi o Qasar II, um instrumento digital duofônico baseado em dois microprocessadores Motorola 6800 de 8 bits. O Qasar II era ainda muito caro, e acabou por se tornar também inviável comercialmente, sendo incapaz de competir com o Moog Modular, lançado ao mesmo tempo, mas baseado em uma tecnologia anterior, em transistores, muito mais baratos do que os novíssimos e caríssimos microprocessadores.

O próximo projeto da Furse e da Creative Strategies foi o Qasar M8 ou "Multimode 8". Concluído em 1975, o M8 era um sintetizador polifônico de oito vozes com base no mesmo processador duplo 6800 1Mhz da Motorola, e podia produzir sons de 8Bit e 4k. O M8 permitia também a síntese de sons gráfica, onde podia se desenhar e editar uma onda utilizando uma caneta de luz ótica em um monitor monocromático. O instrumento contava com um teclado de quatro oitavas e um inovador sistema de reprodução de sequências denominado MUSEQ 8, da própria Furse. Os programas de som podiam ser salvos em uma unidade de disquete de oito polegadas. Modelos posteriores da série, incluem ainda o MC6800 de oito vozes e o Qasar Polyphone (1975).

Foi em 1976 que entram no jogo os designers australianos de instrumentos eletrônicos Kim Ryrie e Peter Vogel, que tiveram a brilhante ideia de inverter a lógica dessa tecnologia para aproveitar melhor o poder de processamento das máquinas, partindo de uma onda pré-gravada para a geração do som, e assim, um novo método de síntese nascia. Abordaram Furse com uma oferta para licenciar o M8 para sua empresa Fairlight, e esse tornou-se na realidade o primeiro instrumento de produção da Fairlight, o Qasar M8 CMI, o ancestral direto do famoso Fairlight CMI. O grande e caro Qasar M8 CMI foi eventualmente interrompido em 1979, mas muitas das suas características foram incorporadas ao Fairlight CMI, inclusive a famosa caneta leve que poderia ser usada para selecionar as opções apresentadas na tela monocromática CRT.

O modelo da série III acabou perdendo a interface da caneta de luz (a caneta de luz era, obviamente, um dos elementos de hardware mais frágeis do sistema) em favor da interface gráfica do tablet incorporada ao teclado. Este modelo foi construído também em torno dos processadores Motorola 68000 e Motorola 6809.

O nascimento de uma lenda

Os modelos posteriores da série acabaram se tornando relativamente menos caros do que os primeiros, já que a tecnologia correspondente se tornou mais barata, e o sucesso do Fairlight CMI levou outras empresas a apresentarem suas opções similares. Máquinas concorrentes com preços mais baixos começaram a se multiplicar. A Digital New England alterou o sintetizador digital Synclavier para executar a amostragem, ao passo que a Emus Strauss introduziu um teclado de amostragem bem mais barato, o Emulator, em 1981. Nos Estados Unidos, uma nova empresa chamada Ensoniq introduziu o Mirage Ensoniq, em 1985, a um preço acessível pela primeira vez.

A Fairlight conseguiu sobreviver até meados da década de 1980. Segundo o próprio Peter Vogel, a emrpesa faliu por causa da alta despesa com suporte técnico e desenvolvimento tecnológico: "Estávamos confiantes de que as vendas pagassem salários, e era um negócio terrivelmente caro... Nossas vendas eram boas até o último minuto, mas simplesmente não conseguíamos financiar a expansão e custos com garantia e suporte".

Em agosto de 2009, Peter Vogel iniciou uma nova empresa chamada Fairlight Tools, mas renomeada, mais tarde, para Peter Vogel Instruments, com o objetivo de desenvolver um "retro" CMI-30A (30° aniversário). Em 2011, a Peter Vogel Instruments também publicou a aplicação CMI para iPad e iPhone da Apple. O aplicativo inclui uma biblioteca de som CMI completa e uma tradução precisa do bem conhecido software sequenciador "Page R CMI". Embora a última geração do Fairlight CMI Série III tenha sido produzida pela última vez em 1985, é possível conferir o Fairlight Pro App de Peter Vogel — uma recriação total de um sistema Fairlight com suporte para os arquivos de dados CMI originais. O aplicativo permite que se experimente a interface gráfica que revolucionou a música dos anos 1980.

A lista de músicos que usaram Fairlight em sua obra é gigantesca: De Jean-Michel Jarre a Stevie Wonder, de Supertramp a Thomas Dolby, Jon Astley e Michael Jackson, Peter Gabriel, é claro, e Paul McCartney, Julian Lennon, Kate Bush, Queen, The Cars, Herbie Hancock, Lindsey Buckingham, David Gilmour, Jan Hammer, Elvis Costello, Scritti Politti, Madonna, Eurythmics, Alan Parsons, Pet Shop Boys, Prince, Steve

PARA OUVIR

ART OF NOISE
"Moments in Love"

Winwood, Keith Emerson, Depeche Mode, Stewart Copeland, Duran Duran, John Paul Jones, e muitos e muitos outros mundo afora. A onipresença do Fairlight era tão grande que Phil Collins colocou na ficha técnica de No Jacket Required: "não há Fairlight neste registro".

CAPÍTULO 22

Roland Jupiter-8

O legado da linha Jupiter se deve em grande parte à sua arquitetura de voz e programação únicas, que permitiam a criação rápida de sons tão irreais, autênticos e incríveis que não podem ser explicados com palavras: precisam ser ouvidos para serem compreendidos!

Existem alguns poucos sintetizadores na história que conseguiram permanecer na ativa por mais que 3 ou 4 anos sem serem considerados obsoletos e ultrapassados. E são raros os modelos que conseguiram sobreviver por mais de uma década. Isso é o drama de todo tecladista que, na maioria das vezes, está sempre preocupado em juntar uma grana para trocar o seu velho teclado (de apenas 3 ou 4 anos) — que embora esteja em perfeitas condições, já não é capaz de atender às demandas sonoras que ficam mais exigentes a cada dia.

Um teclado de 10 anos de idade, geralmente, já passa a ser considerado uma peça de museu. Há alguns casos excepcionais, no entanto, de modelos que conseguem, inexplicavelmente, atravessar décadas. É o caso da série Jupiter, produzida pela Roland no início dos anos 1980, e que até os dias de hoje, mais de 35 anos após seu lançamento, por mais incrível que possa parecer, continua sendo desejado por muitos tecladistas contemporâneos, de todas as idades. Não é exagero dizer que foi a série mais importante na história da Roland, e um dos sintetizadores mais populares de todos os tempos.

História

Desde a década de 1980 até os dias atuais, é raro encontrar algum tecladista que não tenha pelo menos uma história para contar sobre a Roland em suas vidas. Essa fabricante percorreu um longo caminho desde a sua criação, em 1972, até se tornar o que é atualmente. Seus sintetizadores, sequenciadores e unidades de efeitos foram utilizados em vários álbuns lendários, e o som das máquinas Roland não apenas ressoam imponentes em alguns dos hits mais famosos de todos os tempos, mas efetivamente contribuíram e influenciaram para que diversos artistas explorassem novos limites sonoros, criando sons e até mesmo gêneros musicais radicais.

A fábrica e a marca foram concebidas por um japonês chamado Ikutaro Kakehashi, conhecido por Taro, em Osaka, em 18 de abril de 1972. Taro foi um engenheiro, inventor, empreendedor, empresário, e sobretudo, um pioneiro no ramo de instrumentos musicais eletrônicos. As inovações na área musical lhe renderam, em 2013, o Technical Grammy Award, um Grammy na categoria inovações tecnológicas. Claro que Ikutaro Kakehashi era um apaixonado por música, embora nunca houvesse tido aulas ou estudado música formalmente. É daí que provavelmente vem a inspiração para a Roland. Observando desde os primeiros projetos da fábrica até os produtos atuais da marca, fica claro que Taro queria instrumentos musicais que fossem acessíveis tanto para músicos profissionais como para amadores aficionados como ele próprio: baratos, intuitivos, pequenos e simples de operar. Ele construiu seu primeiro órgão monofônico de 49 teclas em 1959, especificamente projetado para ser tocado por qualquer pessoa, sem a necessidade de uma habilidade musical. O foco na miniaturização, acessibilidade e simplicidade se tornaria a pedra fundamental para o desenvolvimento de praticamente todos os produtos Roland.

Em 1960, Kakehashi fundou a Ace Electronic Industries que, além de fabricar inúmeros órgãos combos, amplificadores de guitarra e pedais de efeitos, produzia baterias eletrônicas para a linha de órgãos domésticos da Hammond. Em 1973, Taro resolveu dar um passo maior e cortou os laços com ambas as empresas para fundar a Roland. Tal como era comum com muitas start-ups japonesas desse período, o nome Roland foi escolhido por motivos comerciais, já que Taro visava exportar seus produtos para o Ocidente, e estava interessado em um nome que fosse fácil de se pronunciar, sobretudo nos Estados Unidos.

Para se ter uma ideia do sucesso do empreendimento, o primeiro modelo da marca, em 1973, foi o SH-1000, um sintetizador analógico com apenas um VCO, mas que se tornaria o primeiro sintetizador de produção em massa fabricado no Japão. Possuía uma seleção de presets e funções de controle como ADSR e alguns parâmetros não convencionais para dar liberdade ao usuário de manipular e produzir seus próprios sons. O SH-1000 foi também uma espécie de protótipo para toda uma série que ganharia novos recursos, por quase uma década de evolução, até chegar no lendário e icônico SH-101, já no início da década de 1980, passando por SH3, SH-3A, SH-2000, Sh-5, SH1 monosynth, SH7 monosynth, SH-09 monosynth e SH-2.

No início dos anos 1980, a Roland também emplacou outro ícone no mercado, a TB-303, um sintetizador/sequenciador que desempenhou papel crucial no desenvolvimento da música eletrônica contemporânea. Nessa época, com menos de uma década de idade, a Roland já era uma das marcas "top" no mercado de equipamentos musicais profissionais e teclados "semi-profissionais".

O primeiro sintetizador analógico verdadeiramente profissional produzido pela Roland seria lançado apenas em 1981. E a estreia não poderia ser mais bem-sucedida: o aclamado, consagrado e eterno sintetizador-deus, o Jupiter-8 (ou JP-8 para os íntimos), um verdadeiro gigante analógico.

Na mitologia romana, Júpiter era o rei dos deuses e a maior e mais poderosa das divindades do panteão, grande protetor de Roma, considerado o deus do céu, da chuva, da luz e do raio. O Jupiter sintetizador acabou também se tornando o deus absoluto no panteão de sintetizadores Roland. Oferecendo uma ampla gama de sons, uma interface eficiente e construção robusta, o Jupiter 8 foi o principal sintetizador da marca durante toda a primeira metade da década de 1980, e é um instrumento desejável mesmo após mais de 35 anos de seu projeto inicial. Um Jupiter-8 em bom estado ainda obtém muito mais lances em um leilão na internet, do que a maioria dos novos sintetizadores. E o som característico dele pode ser ouvido tanto em clássicos do início dos anos 1980 como em hits contemporâneos, pois continua sendo usado em gravações.

Um nascimento difícil

A série Jupiter nasceu em um mundo hostil, dominado por dinossauros poderosos como o Prophet 5, da Sequential Circuits, o OBX, da Oberheim, a série PS3000, da Korg, e o CS80, da Yamaha. Quando o primeiro Jupiter foi lançado, em 1978, se comparado a qualquer um desses modelos, não parecia que resistiria por muito tempo.

O Jupiter-4, o primeiro da série, apresentava um único VCO por voz, ao passo que os gigantes de então ofereciam no mínimo dois ou até três VCOs, como era o caso do PS3300. Isso fazia o som do primeiro Jupiter parecer muito mais pobre quando comparado a esses concorrentes top de mercado. O modelo tinha apenas quatro oitavas, enquanto a maioria dos teclados profissionais da época já vinham com cinco, e, para piorar, oferecia apenas quatro notas de polifonia, metade das oito notas que os Yamahas ofereciam. E quando a Korg lançou a linha PS com 48 vozes de polifonia, o Jupiter-4 ficou parecendo brinquedo de criança.

O teclado não era sensível ao toque, e o CS80 da Yamaha já oferecia teclado com sensibilidade de velocidade e aftertouch. Para completar, oferecia uma memória pobre inclusive para os padrões da época. Apenas 10 presets e espaço para míseros oito patches de usuário. Não importa o angulo pelo qual se observe: o JP4 sempre irá parecer um teclado modesto quando comparado aos "top" de mercado do final dos anos 1970, e, nesse sentido, não emplacou.

Mas, claramente, a Roland não tinha inicialmente a intenção de concorrer com esses gigantes. Afinal, como o SH1000 e o SH2000, o Jupiter-4 havia sido projetado para ser usado em cima de um órgão.

Mas não subestime um Jupiter, nem mesmo um Jupiter-4. O primeiro sintetizador da série Jupiter foi nada menos que o primeiro sintetizador analógico verdadeiramente polifônico da Roland, em uma época em que polifonia era um luxo para muito poucos, em um reino ainda dominado pelos sintetizadores monofônicos. O "4" de Jupiter-4 significava justamente o número de vozes que ele era capaz de reproduzir simultaneamente. Para tal, contava com quatro VCOs. Possuía um irmão menor e mais econômico, o Promars, uma versão monofônica com apenas dois VCOs e função de memória idêntica ao Jupiter-4.

Na realidade, tanto o Jupiter-4 quanto o Promars não soavam como os outros sintetizadores da série Jupiter que estavam por vir, pois tinham ainda muita coisa do SH, sendo mais uma transição entre as linhas, e, por isso, realmente tinham um outro som, muito mais pobre. Mais eis que então, em 1981, a Roland literalmente "chuta o pau da barraca", e apresenta uma versão melhorada denominada Jupiter-8. Talvez nem mesmo Taro pudesse imaginar que essa máquina reinaria absoluta no universo dos sintetizadores durante pelo menos meia década, desde o início até a metade dos anos 1980.

PARA OUVIR

MICHAEL JACKSON
"Thriller"

Quando foi lançado, o Jupiter-8 não era exatamente uma opção barata, mas compensava em recursos que faziam seu preço — de cerca de US$1750.00 na época — valer realmente a pena. O "8", como o "4" no JP-4, denota o número de vozes, e com dois osciladores por voz, totalizando 16 osciladores analógicos, polifonia de oito vozes e programação fácil e intuitiva, esse monstro analógico subtrativo era capaz de produzir timbres verdadeiramente formidáveis e inovadores naqueles tempos e até hoje.

Cada voz podia ser modificada por meio de uma variedade de filtros e modificadores, incluindo a modulação cruzada e a sincronização dos osciladores, ao passo que os filtros clássicos da Roland hi/lo-pass analógicos e profundamente ressonantes, os mesmos do Juno-6/60, com a opção adicional de escolher entre os modos 12 dB ou 24 dB, adicionam um toque pessoal e autêntico no som final. O Jupiter-8 foi também um dos primeiros sintetizadores a permitir que o teclado fosse dividido em camadas (split) e oferecia, finalmente, um teclado com cinco oitavas.

Ao contrário de qualquer outro sintetizador de sua era, o Jupiter-8 não impunha um caráter específico ao som: se o músico quisesse um som "gordo", podia obtê-lo; se quisesse um som mais etéreo, ele correspondia igualmente. Na verdade, o Jupiter-8 soava de maneira similar ao que aparentava fisicamente: colorido, elegante e polido — exatamente ao contrário do que propunham os concorrentes, que em termos de arquitetura eram até bem semelhantes. Assim como os analógicos Prophet 5 e OBX, o Jupiter-8 oferecia dois VCOs por voz, filtro lo/hi-pass, um par de geradores de envelope ADSR e várias outras opções de modulação. Mas na prática, quase que inexplicavelmente, Prophets e Oberheims eram imponentes e rudes, enquanto o Jupiter-8 era soft e delicado, capaz de complementar mais facilmente outros sons sem a pretensão de dominar a cena sonora, mas sem perder a gordura e a profundidade. Com as oito vozes em camada, era possível obter sons analógicos bastante gordos e encorpados. E o modelo também vinha equipado com um excelente LFO e um arpejador clássico.

Uma das melhores características do JP-8 era seu painel frontal, onde se dava todo o processo de programação. Seja por meio de faders deslizantes, botões e knobs, esses controles manuais davam conta de todas as necessidades de ajuste e permitiam acesso instantâneo às poderosas ferramentas de manipulação de som oferecidas pelo JP-8. O sintetizador era imensamente poderoso e esse poder foi percebido rapidamente e facilmente pelos tecladistas da época, já que ele era tão incrivelmente rápido e intuitivo para ajustar e programar. Nesse ponto, o Jupiter-8 goleava os concorrentes. De pads etéreos e cordas em camadas a arpejos rítmicos e linhas de baixo pulsantes, tudo isso e muito mais estava disponível para serem criados e manipulados em tempo real, diretamente no painel, sem a necessidade de um menu! O JP-8 foi, sem dúvida, uma máquina magnífica e versátil.

O Jupiter-8 não possuía MIDI, recurso que foi incorporado apenas no Jupiter-6. No entanto, era possível "midificá-lo" com o uso de kits da própria Roland ou de terceiros. As predefinições de patch da memória, com uma capacidade absurda, armazenavam até 64 sons, incluindo vários parâmetros, como configurações de arpejador automático, modo e posição dos osciladores, portamento e configurações de modulação etc. No modo split, era possível que dois timbres diferentes fossem reproduzidos ao mesmo tempo — isso mesmo: dois patches ao mesmo tempo, um na mão esquerda e outro na mão direita (você pode não dar muito valor para isso hoje, mas isso foi em 1981, lembra-se?). E, acredite, isso era sensacional. Um modo uníssono permitia ainda empilhar todos os 16 osciladores em camadas para um único megatimbre. Não é de admirar que o JP-8 se tornou o sintetizador analógico número um para toda uma geração de tecladistas.

Assim nasce um mito!

Muitos fatores podem contribuir para que um sintetizador se torne um clássico, mas um dos maiores indicadores sempre acaba sendo a lista de artistas que se renderam aos seus encantos. O status de Deus dos Sintetizadores clássicos, ostentado pela série Jupiter, poderia ser justificado apenas pelo fato de que tantos artistas eletrônicos e pop citam essa máquina como uma de suas favoritas. Entre muitos outros, podemos citar Thomas Dolby, Jean-Michel Jarre e Howard Jones, todos fãs declarados do JP-8. Mas o que impressiona nessa série, sobretudo em relação ao JP-8, é que essa lista é não apenas longa, mas também muito eclética e atemporal. Sempre há os "tecnolovers" habituais, como Jarre, Moroder, Faltermeyer, OMD, Vince Clarke, Foxx, Dolby. Mas a quantidade e riqueza de outros artistas e produtores menos óbvios que foram atraídos pelo Jupiter-8 é constituída de uma multidão de verdadeiros ícones do pop rock, incluindo Michael Jackson, Duran Duran, Queen, Madonna, Abba, Dire Straits, Stevie Wonder, Phil Collins, Paul Simon e muitos outros. Esses artistas criaram vários clássicos de sucesso com o JP-8. E, é claro, em produções mais recentes, o som do JP-8 já conquistou gente como Lady Gaga, The Prodigy e Damon Albarn, para citar apenas alguns.

O JP-8 nem sempre era um ator principal, mas muitas vezes atuava como um coadjuvante importante e fundamental, com seu som discreto e profundo, principalmente em pads e cordas. Pode ser ouvido, por exemplo, em *Thriller*, de Michael Jackson, *Hungry Like the Wolf*, de Duran Duran, *Songs From the Big Chair*, de Tears for Fears, *Heartbeat City*, de The Cars, e muitos outros clássicos.

PARA OUVIR

THE CARS
"Drive"

Apesar da idade do Jupiter-8, ele ainda é um sintetizador extremamente procurado, e parece que realmente não há substituto para esse gigante analógico original. É possível encontrar com certa facilidade unidades em boas condições, mas o preço para conseguir um original pode ser bem salgado. No entanto, existem alternativas em emulação por meio de softwares. A própria Roland lançou versões reeditadas desses modelos.

O Jupiter-8 (1981) evoluiu para Jupiter-6 (1982), JX-3P (1983), Mks80 Super Jupiter (1984), JX-8P (1984), e finalmente JP-8000 (1996). Todos esses modelos são de certa maneira lendários, mas o Jupiter-8 acabou se tornando um ícone, e foi, sem dúvida, o maior e mais gordo de todos os "Jotas" da Roland (entre Jupiters e Junos)!

CAPÍTULO 23

Oberheim OB-Xa

O sintetizador analógico que substituiu o som da guitarra e mudou a história do rock nos anos 1980

O sintetizador é ainda um instrumento fortemente ligado à ideia de música contemporânea. Desde que foi concebido em sua arquitetura atual por Robert Moog, na década de 1960, não saiu mais de moda. Por isso, não é exagero afirmar que com o aparecimento do Moog Modular se deu início uma nova era na história da música: a dos sintetizadores.

Muitos podem pensar que um dos fatores responsáveis pelo sucesso do sintetizador seja a qualidade inata que esse instrumento tem de se renovar. Das várias características singulares, essa mania de se reinventar a cada ano com novos recursos e possibilidades de novos sons ao mesmo tempo nos deixa loucos e nos encanta. Na verdade, Robert Moog abriu caminho para a popularização e o aparecimento de vários novos modelos de sintetizadores, ano a ano, e que até os dias atuais procuram nos surpreender. E muitas vezes ainda conseguem.

Mas essa lógica se torna questionável quando a paixão por alguns modelos parece ignorar o tempo e os avanços tecnológicos. A tecnologia digital acabou atropelando os modelos analógicos que pareciam condenados à extinção. Mas, de repente, eles ressurgiram mais fortes do que nunca. Atualmente a tecnologia digital dedica um grande esforço em emular com precisão as características — até as imperfeições — de instrumentos analógicos clássicos.

Um dos clássicos mais emulados de todos os tempos é, certamente, o Oberheim OB-Xa. Praticamente todos os sintetizadores que vieram depois dele possuem pelo menos um de seus patchs de fábrica dedicados a essa lenda. E não é incomum esse patch se chamar "Jump alguma coisa".

Alguns instrumentos possuem essa capacidade de resistência. Se perpetuam, independentemente dos avanços tecnológicos que pretendem atropelá-los. Um desses clássicos imortais é sem dúvida nenhuma, o OB-Xa, ou melhor dizendo, toda a série de sintetizadores OB da Oberheim: OB-X, OB-Xa, OB-SX e OB-8. Mas o OB-Xa tem fama suficiente para representar neste artigo todos os seus irmãos.

O som de "Jump"

Para se ter uma ideia do poder do OB-Xa, ele foi capaz de levar um genuíno guitarrista de hard rock a trocar sua guitarra por um sintetizador. Eddie Van Halen estava na estrada desde 1974 e, no início dos anos 1980, já era uma estrela consagrada no universo do hard rock, a ponto de ser convidado por Michael Jackson para fazer o solo de guitarra na canção "Beat It", provavelmente o mais conhecido da década de 1980. De repente, em 1984, para absoluta surpresa de todos, Eddie aparece tocando um sintetizador, e não uma guitarra. Mas, logicamente, não qualquer um, mas o poderoso e sedutor OB-Xa. A traição valeu a pena. "Jump" foi o single mais vendido da banda e colocou Van Halen em primeiro lugar nos Estados Unidos.

O sintetizador Oberheim OB-Xa pode ser visto no videoclipe de "Jump" e em vários vídeos de shows da banda. No entanto, segundo a ficha técnica do álbum, na gravação original foi utilizado o seu antecessor, Oberheim OB-X, potencializado por um amplificador Marshall. O OB-X, no entanto, tinha a má reputação de ser instável na estrada. O OB-Xa corrigiu esse problema, levando vários músicos

Quando "Jump" foi lançada, em 1984, as vendas de sintetizadores aumentaram exponencialmente. Com a introdução dos primeiros sintetizadores polifônicos facilmente controlados por meio de patches de memória com preços acessíveis, os departamentos de teclados das lojas de música foram invadidos por uma legião de músicos tocando versões desajeitadas de "Jump", assim como os departamentos de guitarra eram submetidos a novatos aspirantes tentando tocar "Stairway to Heaven". E este cenário não mudou muito até hoje. É como um símbolo de poder que os tecladistas guardam na manga.

PARA OUVIR

VAN HALEN
"Jump"

a fazerem o upgrade. Em um cenário semelhante, Jean Michel Jarre usou o OB-X na gravação de "Magnetic Fields", mas durante os seus shows ao vivo podemos ver o OB-Xa sendo utilizado na mesma faixa. No fim das contas, eles são praticamente idênticos, com apenas Algumas pequenas melhorias que foram implementadas ao OB-Xa, como um novo filtro de 24dB e as funções split e layer.

Quando Van Halen resolveu dar um tempo para as guitarras e tocou os acordes iniciais de "Jump" em um OB-X(a), não devia ter ideia de que estava criando um dos sons mais icônicos no mundo dos sintetizadores, um solo quase obrigatório para todos os tecladistas ou sintetistas dos anos 1980. O solo de guitarra também é dele, obviamente, e segundo o próprio guitarrista, um dos melhores de sua carreira. Mas aqueles acordes simples, tocados naquele som novo e poderoso, roubaram a cena. Uma arquitetura musical incrível unida a um som perfeito.

Depois que o OB-Xa assinou "Jump", nem o rock, nem Van Halen, nem o sintetizador seriam mais os mesmos. Se muitas vezes acontece de um timbre ficar tão marcado a ponto de determinar um estilo, no caso do OB-Xa aconteceu mais do que isso. Ele mudou os rumos de um gênero e criou um estilo. Por conta de "Jump", Van Halen abandonaria o hard rock que marcava o som do início da banda pelo pop-rock que praticamente acabou caracterizando o início dos anos 1980 e influenciando tudo o que ouvimos até hoje. Os tecladistas nunca mais seriam coadjuvantes no mundo do rock.

Início de uma era

De repente, todos os contemporâneos se renderam ao som gordo e sedoso, brilhante e irresistível do OB-Xa, de Van Halen a Rush, passando por STYX e praticamente todos os demais músicos de rock dessa época. E Jean-Michel Jarre, obviamente. É difícil medir com precisão o impacto total que os sintetizadores de Tom Oberheim causaram não só na música pop e eletrônica, mas no rock, no jazz e em toda a produção musical. E o OB-Xa continua vivo, sendo emulado em vários softwares, inclusive gratuitos (AU e VST).

Embora o sintetizador já não seja novidade, ainda continua sendo um dos instrumentos musicais que mais gera controvérsias, discussões, além de causar pânico e confusão em muita gente. Foi motivo de discórdia na banda, também. Eddie Van Halen queria usá-lo, mas David Lee Roth achou que poderia parecer que eles estavam fazendo isso apenas para conseguir penetrar mais nas rádios e que seria uma traição aos verdadeiros fãs e ao símbolo maior do rock, a guitarra. Usar um sintetizador, em vez de uma guitarra como instrumento principal, foi uma enorme provocação de Van Halen. No fim, como ele esperava, a maioria de seus fãs não se voltou contra eles. E o som do OB-Xa desempenhou um papel fundamental nessa aceitação. Um som heavy metal com traços de cordas e metais tão robusto e acolhedor como jamais se havia ouvido com tanta evidência. Uma sequência harmônica simples, de repente, tinha o som de uma legião de cordas e metais enraivecidas sintetizadas em um som gordo e cheio de vibração. Era praticamente impossível resistir àquele som no início dos anos 1980. Mas o OB-Xa é muito mais do que apenas "Jump". É um instrumento com possibilidades infinitas, e continua servindo com muita eficiência diversos músicos criativos que seguem sempre incansáveis em busca de novos sons. O OB-Xa é um desses modelos analógicos únicos, com som e características tão exclusivas e sedutoras que o tornam destaque dentro do próprio mundo dos sintetizadores. É considerado por muitos como o melhor sintetizador analógico de todos os tempos.

A origem

A Oberheim já era reconhecida como uma das melhores fabricantes de efeitos nos anos 1970, com vários produtos inovadores em seu portfólio, incluindo o Phase Maestro Shifter PS-1A e o DS-2 (um dos primeiros sequenciadores digitais). Tom Oberheim entrou no negócio de sintetizadores com seus modelos baseados em módulos de expansão (Synthesizer Expansion Module – SEM) de quatro vozes, em meados de 1970, e alcançou um sucesso considerável. Os sintetizadores Oberheim rapidamente se tornaram conhecidos por um som quente e gordo, com um brilho metálico atrevido e completo. Adquiriram fama também na emulação de sons de Hammonds com precisão nunca ouvida anteriormente em sintetizadores eletrônicos.

No entanto, com uma forma de polifonia limitada, oferecida em duas, quatro e, posteriormente, oito vozes, acabou ficando para trás quando a Sequential Circuits lançou o Prophet-5 em 1978, um sintetizador polifônico e programável com patchs de memória. A Oberheim, então, aperfeiçoou sua abordagem de polifonia, adicionou a facilidade de programação — que permitia armazenar até 32 patches — e lançou o poderoso OB-X em 1979. Robusto e impetuoso, um sintetizador analógico, com dois osciladores em configurações de duas, quatro e oito vozes, oferecia um filtro Oberheim clássico de 12dB.

Finalmente, 1980 trouxe consigo o OB-Xa, com estilo mais elegante, filtro de 24dB adicionado e (eventualmente) até 120 slots para patches de usuário. As funções split e layer também foram incluídas. A série OB, ao longo dos anos, ganhou melhorias substanciais no sistema de controle, mas, basicamente, o layout do painel frontal permaneceu quase sem mudanças. A maior parte dos recursos do painel do OB-X sobreviveu do OB-Xa até o OB-8, o último da série.

Assim como a grande maioria dos modelos disponíveis à época, o OB-Xa segue o conceito de incluir as partes mais importantes de um sintetizador modular em um pacote compacto e mais acessível, e se enquadra dentro de uma arquitetura baseada nos princípios da síntese subtrativa, em que, fundamentalmente, o fluxo de sinal obedece ao seguinte caminho:

OSCILADOR > FILTRO > AMPLIFICADOR

Como ponto de partida, o OB-Xa oferece dois osciladores analógicos (VCOs) que entrega formas de onda dente-de-serra ou de pulso variável. Os dois osciladores podem ser ajustados separadamente e, depois, enlaçados juntos em sync. O filtro consiste em um lowpass (12dB no OB-X e 24dB no OB-Xa) com oitava ressonante e corte controlável por meio de um ADSR dedicado. O modulador LFO trabalha com formas de onda triângular, quadrada, rampa positiva ou negativa, ou Sample and Hold.

O modelo se diferencia não por seus controles, mas, acima de tudo, pelo seu som considerado único, embora incansavelmente clonado por sintetizadores atuais tanto em versões em software quanto em hardwares. Ainda hoje, anos depois de seu lançamento, a interface amigável do OB-Xa e seu som único continuam seduzindo os tecladistas apaixonados por sintetizadores.

CAPÍTULO 24
Casio MT-40

O pequeno notável que mudou a história do reggae.

Os períodos musicais são definidos pelo ambiente tonal disponível. Dos home studios aos estúdios profissionais de ponta, o hardware está sempre atuando de maneira central, gerando novas combinações. Produtores são, desse modo, "cientistas" e "organizadores", "médicos" ou "químicos" em suas receitas de poções de áudio que vibram desde seus estúdio-laboratórios (ou assim deveria ser...). Alguns dos equipamentos de estúdio vintage parecem transmutar as gravações de forma única, e os produtores modernos tentam invocar novamente esses sons de assinaturas características.

Mas, na história da música pop, há alguns casos que surpreendem ainda mais, levando em conta os cenários e os atores inusitados que levaram ao surgimento de uma nova assinatura musical. São fatos que seriam totalmente imprevisíveis e inimagináveis pelos próprios envolvidos, uma sucessão de coincidências que levaram ao surgimento de novos sons.

Esse é justamente o caso do lendário Casiotone MT-40, um teclado de brinquedo, de plástico, lançado nos anos 1980, o pai do ainda mais lendário "Sleng Teng", um "riddim" (pronúncia em patoá jamaicano da palavra Inglesa "rhythm") de marca registrada que se tornou onipresente no reggae eletrônico e eventualmente em qualquer outro lugar. Se as raízes do reggae se encontram na África, seus galhos se estendem até o Japão, sobretudo em seu renascimento eletrônico, com dub, dancehall e electro-reggae.

Aliás, é importante salientarmos que a música jamaicana tem exercido uma forte influência na música pop, muito além do hip-hop, do ska e do rap, sobretudo no que diz respeito às técnicas de gravação, como o desenvolvimento das técnicas dubbing e toasting, e uma variedade de outras que se desenvolveram a partir disso, inclusive a amostragem, ou sampling.

A complexidade envolvente dos instrumentos filtrados por meio de vários tipos de efeitos alterou a própria concepção de música. A extensão disso é que a própria mesa de mixagem se tornou um instrumento musical, transmutando certos tons em ecos alucinantes, reverbs e delays que envolvem a música em um brilho quase sobrenatural. A estética dub da Jamaica, na década de 1970, se expandiu para a eletrônica, o hip-hop, o house e o dubstep.

Da Jamaica ao Hip-Hop

Embora pouca gente saiba, a música reggae deve ser reconhecida por estabelecer os primórdios do hip-hop e da música eletrônica como um todo, especialmente por causa do uso de dubbing. E se o hip-hop foi inventado no Bronx, seu inventor era um jamaicano, Kool Herc, que foi fortemente influenciado pelos sistemas de som que conheceu na sua terra natal durante a juventude.

Na época da independência da Jamaica, em 1962, havia uma cena musical crescente em torno dos salões de baile, onde os sistemas de som (um disc-jóquei com grandes caixas acústicas e toca-discos) realizavam eventos e traziam pessoas que faziam toasting (nome dado ao ato de cantar em cima de um instrumental), o precursor do rapping. Geralmente, os deejays (o equivalente dos rappers atuais) usavam um loop instrumental do lado B de um disco de 45 rpm para fazer a base do toasting.

Originalmente, os disc-jóqueis dos sistemas de som costumavam acompanhar as faixas instrumentais com vocais melódicos e vocais falados improvisados, muitas vezes simplesmente para adicionar entusiasmo à dança. Isso acabou se tornando uma arte em si, e a técnica evoluiu para remixar músicas de outras pessoas, removendo os vocais originais, enfatizando a base rítmica e gravando suas próprias rimas na faixa resultante.

U-Roy (Edwart Beckford) foi, possivelmente, o primeiro grande artista de talk-over, o homem que transformou o dub em um veículo altamente eficaz para mensagens de agitação com seus "raps" sociopolíticos. O deejay Kool Herc, um jamaicano que cresceu em torno de sistemas de som, mudou-se para o Bronx em 1967 e, eventualmente, configurou seu próprio sistema. Daí nasceu o scratching, o breakdancing e o "rapping" durante os breaks, enquanto o DJ mantinha o ritmo. Grandmaster Flash (apresentado no Original Netflix "The Getdown") veio depois de Kool Herc para aperfeiçoar esse estilo. O resto, é história conhecida por todos: o hip-hop se tornou um estilo musical dominante desde então.

O MT-40 e o reggae

Início dos anos 1980: a Roland lançou a primeira bateria eletrônica programável, a TR-808. Logo depois, a Linn introduziu a primeira bateria eletrônica baseada em amostras, o LM1, primeiro computador com amostras digitais de tambores acústicos. A primeira versão tinha apenas sons curtos de kick-drum, caixa e tons armazenados, porque, naquela época, a máquina não tinha capacidade de armazenamento suficiente para salvar sons mais longos. Ao mesmo tempo, a Oberheim seguia com o Oberheim DMX (mais tarde DX), o primeiro concorrente no mercado. Mas baterias eletrônicas caras e complicadas de operar não fazem reggae sozinhas.

Foi então que a empresa japonesa Casio, notoriamente conhecida pela fabricação de calculadoras e relógios de pulso, decidiu entrar no mercado da música. Na verdade, a Casio já havia dado os primeiros passos nessa direção em 1979, quando apresentou o Casio Melody-80, que, na realidade, não era um teclado, mas uma calculadora básica com sons integrados. Esse movimento em particular foi, no entanto, um grande sucesso comercial e o ponto de partida que levou a uma sucessão de lançamentos.

O termo Casiotone refere-se a uma série de teclados elétricos domésticos relativamente baratos e acessíveis. De 1981 a 1986, a Casio criou vários tipos e modelos diferentes, alguns deles experimentais em termos de recursos. O Casio SK-1, por exemplo, lançado em 1986, foi o primeiro amostrador lo-fi de baixo custo. Mas, provavelmente, o mais importante para a música pop foi o Casiotone MT-40, lançado inicialmente em 1981. Aproximadamente quatro anos depois, esse teclado foi usado por King Jammy para criar o chamado "Sleng Teng riddim".

Se você olhar para um Casiotone MT-40, você não imagina que está olhando para um teclado clássico vintage. Muita gente, inclusive, pode ainda ter um e nem saber que tem um clássico em casa. O Casiotone MT-40 era um teclado eletrônico, desenvolvido originalmente para atender ao mercado de usuários domésticos. Era uma pequena máquina de cor bege, equipada com sons e ritmos integrados. E o melhor: custava cerca de apenas 150 dólares na época. A bateria eletrônica era lo-fi, mas surpreendentemente forte. O baixo era quente, fuzzy e bem definido. Os instrumentos de teclado eram baseados em duas ondas quadradas de pulso variável misto, com envelopes digitais e um filtro de lo-pass. Trazia 37 miniteclas principais e 15 microteclas de baixo, com polifonia de nove vozes: oito notas nas teclas principais e uma no baixo. A seção de baixo possuía apenas um timbre, e a principal trazia 22 sons de instrumentos diferentes. Como a maioria dos pequenos teclados Casio, o MT-40 tinha uma seção de bateria com seis batidas diferentes, um botão de tempo e um botão "fill", que tocava pulsos de semicolcheia da "caixa" ou "kick" enquanto a tecla estava pressionada.

Por baixo de seu plástico bege, no entanto, o MT-40 escondia um segredo: um preset de "rock" que, uma vez descoberto, reverberaria na música popular pelos 30 anos seguintes. O preset se tornaria um dos mais famosos "riddims" do reggae, inspirando muitas imitações e trazendo o gênero definitivamente para a era digital. A história do "Sleng Teng riddim" (como é conhecido) é bem documentada, assim como a história de como o MT-40, por conta desse preset, se tornou, talvez, o teclado da Casio mais influente na música pop de todos os tempos. Afinal, Noel Davy, o dono do teclado usado em "Under Mi Sleng Teng", na verdade, queria comprar um sintetizador Yamaha DX7 (tecnicamente muito superior), mas não podia pagar o alto preço que valia o todo-poderoso digital. Em vez disso, adquiriu um MT-40, extremamente mais barato e que, tecnicamente, nem mesmo era um sintetizador, pois só possuía sons pré-fabricados. Se Davy fosse capaz de comprar o DX7, o "Sleng Teng riddim" poderia ter ficado trancado nos circuitos do MT-40 para sempre.

Logo após seu lançamento, o single "Under Mi Sleng Teng" praticamente criou vida própria. Era comum, no reggae da época, que diferentes deejays gravassem e lançassem seu próprio som na onda dos riddims populares. O "Sleng Teng" rapidamente se tornaria tão popular, e tão influente no reggae, que se estima que mais de 250 registros com o tema seriam lançados nos anos seguintes. O riddim foi — e ainda é — um dos mais tocados na história da música reggae.

PARA OUVIR

WAYNE SMITH
"Under Mi Sleng Teng"

Não demorou muito para que o teclado MT-40 da Casio ganhasse status de cult entre os músicos, embora bege e de plástico, e o "Sleng Teng" logo se espalhou para outros gêneros. Os anos 1980 foram os anos em que a música realmente começou a ser digital. Artistas de reggae não precisavam mais de músicos de sessão ou equipamentos caros. Agora, qualquer um com um microfone, uma máquina de fita e um modesto teclado ou sampler poderia fazer riddims "profissionais". O "Sleng Teng" explodia no cenário musical mais ou menos na mesma época em que seu primo distante, o "Amen break" — uma amostra de seis segundos de bateria — era usado em incontáveis gravações e influenciava fortemente o surgimento da Drum & Bass. Apesar de todo o alarido feito sobre o "Sleng Teng", a predefinição de rock original permaneceu exclusiva do MT-40 por anos. Apenas recentemente o "Sleng Teng" retornou à ativa novamente, nos modelos SA-46 e SA-76. Desta vez, porém, com um novo nome: não é mais o preset "rock", mas "MT40 riddim".

Onde ouvir

Se você acha que é jovem demais para ter sido tocado pelos tons de veludo do Casio MT-40, pense novamente. O pulso rítmico do "Sleng Teng" persiste em invadir a cultura pop desde seu surgimento. Talvez você tenha ouvido em um programa de TV ou em um álbum. Talvez sua primeira experiência com o "Sleng Teng" tenha sido durante uma batalha de mixagem com o DJ hero. Talvez você o tenha ouvido em uma das muitas faixas modernas remixadas. Há praticamente um "Sleng Teng" para todos.

O compositor anglo-brasileiro Ritchie usou o Casio MT-40 em "Menina Veneno" (1982). Ralph Jones usou o MT-40 com címbalos e cristais em sua trilha sonora para o filme de terror de Amy Holden Jones, *The Slumber Party Massacre*, de 1982.

O MT-40 garantiu um nicho na música indie. É usado em algumas músicas pelos Magnetic Fields, e é destaque na maioria dos álbuns do Emperor X. Seu som pode ser ouvido no single top 20 da banda independente indie australiana Turnstyle, "Spray Water on the Stereo". O Picture Atlantic, grupo de rock indie da Califórnia, usou uma mistura de som de órgão do MT-40 e notas graves para suas faixas "Circe", "Anytime / Coats of Armor" e ".... That's Just Me" em seu álbum Kleos. Casy e Brian usaram o Casio MT-40 para três de seus quatro lançamentos, alterando seu som com efeitos como pedais de overdrive para acompanhar a bateria.

No Reino Unido, os Farmer's Boys usaram em várias faixas de singles e álbuns — com uma tábua de passar roupa como suporte de teclado. E em 2015, a japonesa Tentenko (ex-BiS) lançou um álbum gravado usando o teclado como o único instrumento de acompanhamento.

Preset Rock

A parte da história que é muito pouco contada, no entanto, é a do verdadeiro criador — ou melhor, criadora — do famoso preset "rock" do Casio Mt-40: Hiroko Okuda, Engenheira de Desenvolvimento de Produtos e Música da Casio. Hiroko iniciou na empresa em 1980, logo após se formar em Musicologia pela Kunitachi College of Music de Tóquio. O MT-40 foi o primeiro projeto em que ela trabalhou. Antes de seu trabalho na Casio, ela era fã de reggae — ouvido avidamente durante seu tempo na faculdade. Hiroko até escreveria sua tese sobre isso, o que levanta um pensamento tentador: o preset no MT-40 era, na verdade, o ovo ou a galinha? Hiroko Okuda, subconscientemente, deu ao rock uma certa sensação de reggae, fazendo que King Jammy e Noel Davy o descobrissem mais tarde. Destino ou uma enorme coincidência? Em entrevistas, Okuda afirmou que ela baseou a predefinição em uma música de rock inglês de 1970, mas recusou-se a dizer exatamente qual. Embora existam algumas teorias sobre isso, muitos acreditam que seja “Hang On To Yourself”, de David Bowie.

CAPÍTULO 25

Roland Juno

Na mitologia romana, Juno é a esposa de Júpiter e rainha dos deuses. No panteão dos teclados imortais, pode se dizer que essa mesma lógica se aplica: o Roland Jupiter-8 ficou marcado como o sintetizador deus no panteão dos teclados, mas o Deus feminino dos Deuses da Roland e a não menos icônica e lendária série Juno.

No início dos anos 1980, a Roland já gozava de considerável fama no mundo das teclas, sobretudo por seus sintetizadores de sucesso, incluindo as séries SH e Jupiter. O Juno-6 foi lançado em maio de 1982, marcando o início de um legado incrível que se estenderia por décadas, repetindo o sucesso da linha antecessora e, talvez, indo mais além. A força dessa série se encontra sobretudo em sua simplicidade: um sintetizador polifônico de seis vozes, estável e com som bastante profundo e rico, graças, em grande parte, ao exclusivo chorus com a assinatura Roland.

Mas nem tudo foi "flores" no início da história desta série. Na verdade, o primeiro sintetizador da família Juno não despertou muita expectativa no mercado e, na prática, não fez muito barulho naqueles dias. Sim, o Juno-6 era notável em muitos aspectos, com seus osciladores analógicos quentes, seis vozes de polifonia, efeito chorus onboard e excelentes filtros, mas pecava ao não apresentar o recurso de salvar os sons em patches de memória e não ter conectores para controles externos. Essa carência de memória e conectividade acabou não empolgando muito os tecladistas naquele primeiro momento.

Por outro lado, para muitos músicos do início da década de 1980, o acessível Roland Juno-6 foi o ponto de partida no universo dos sintetizadores e seu som acabaria por explodir ao longo da década e para além, até os dias atuais, ajudando a definir toda uma era na história da música, sobre tudo na dance e techno music.

O advento do sintetizador digital

Os Juno originais da Roland foram alguns dos primeiros sintetizadores a utilizar osciladores controlados digitalmente (DCOs). Eram sintetizadores clássicos em sua essência e, merecidamente, ocupam um lugar de destaque na história dos sintetizadores vintage.

Mas para entender o cenário em que os Juno foram lançados, é importante saber um pouco da história da síntese digital FM, ou Síntese por Modulação de Frequência.

Antes da síntese FM, a Frequência Modulada já era conhecida, mas era comumente usada apenas para a transmissão de dados por meio de uma onda de rádio. Na década de 1960, John Chowning, um pesquisador da Universidade de Stanford, descobriu que, além de fornecer um meio de transmitir som, a FM também poderia gerar timbres de áudio inalcançáveis por outros meios. Embora o principal foco de seu trabalho estivesse em outro campo, Chowning continuou a desenvolver a tecnologia FM para produção de sons e, em 1971, usou-a para sintetizar timbres convencionais, incluindo órgãos e metais. Stanford posteriormente se aproximou de vários fabricantes de órgãos com o objetivo de licenciar a tecnologia, mas como nenhuma empresa americana mostrou interesse, procurou a Yamaha, que, após breve avaliação, assinou o contrato.

Foi apenas em 1981 que a Yamaha apresentaria seus primeiros sintetizadores FM comerciais baseados nessa tecnologia, o GS1 e GS2, que por causa de seu preço elevado, era um privilégio para poucos. O GS1 e o GS2 foram, entretanto, altamente respeitados, assim como seus contemporâneos Fairlight CMI e Synclavier, e isso deixava evidente para todos os outros fabricantes, incluindo a Roland, que a geração de som digital era o caminho do futuro. Além disso, o sucesso de teclados compactos e acessíveis, como o Korg Polysix, deixava evidente que os dias de sintetizadores monofônicos, grandes, caros e analógicos estavam com os dias contados. A Roland precisava fazer algo acessível, polifônico, e que incluísse a palavra mágica "digital". E precisava disso rapidamente.

A alternativa digital da Roland

A resposta da Roland foi o Juno-6. Algumas peças de marketing do pré-lançamento davam a entender que a Roland tinha adotado completamente a tecnologia digital, mas quando o instrumento realmente apareceu, se constatou que não era bem assim. Quando o músico pesquisava o Juno, basicamente o que havia nele era tecnologia analógica tradicional. Um VCF, VCA, um LFO e um único gerador de envelope ADSR por voz. A única sugestão de tecnologia digital estava em seus osciladores controlados digitalmente, ou DCOs. Como a Roland não tinha acesso à tecnologia digital naquele momento, desenvolveu o DCO, um oscilador analógico, mas controlado por um circuito digital que garantia uma estabilidade de sintonia muito maior do que a obtida a partir de VCOs. Os DCOs foram introduzidos praticamente em todos os projetos de sintetizadores Roland durante a década de 1980, pois além de ser uma opção alternativa mais barata de síntese digital que resolvia o velho problema de instabilidade de pitch dos sintetizadores analógicos anteriores com VCOs, não comprometia a característica sonora geral do som analógico daquele tipo de instrumento.

Vale lembrar que atualmente, mais por poesia do que por razão, damos muito mais valor para um sintetizador baseado em VCOs, considerado por muitos como um puramente analógico, e os DCOs chegam a ser ridicularizados quando comparados com VCOs, mas isso nem sempre foi assim. No início dos anos 1980, a lógica era totalmente contrária. VCOs eram instáveis e ultrapassados, e DCOs eram parrudos e fashion. Em 1981, a estabilidade do pitch da maioria dos VCOs deixava muito a desejar e sua afinação era frequentemente afetada, com a mínima mudança de temperatura. Isso forçava muitos músicos a terem que ajustar seus sintetizadores continuamente, muitas vezes durante um show ou sessão de gravação. Se no estúdio isso já era irritante, imagine no palco. O que agora é considerado como "orgânico" e "legal", no início dos anos 1980 era simplesmente uma enorme dor de cabeça. Foi, portanto, não apenas a flexibilidade sonora oferecida pelos sintetizadores digitais iniciais que atraíam, mas também sua performance ultra-estável em comparação com seus antecessores analógicos. Hoje é quase impensável um teclado que desafina, mas o Juno-6 foi um destaque nos anos 1980 justamente por ser o primeiro sintetizador analógico que um tecladista podia levar para o palco, ligar e tocar, sem se preocupar com a afinação.

Um sintetizador para as massas

O principal concorrente do Juno-6, quando lançado, sem sombra de dúvida foi o Korg Polysix. O PolySix e o Juno-6, ambos lançados quase simultaneamente em 1981, representam um marco na história dos sintetizadores, pois foram os primeiros polifônicos com preços de mercado mais acessíveis e condizentes com a realidade da maioria dos músicos. Essas máquinas foram a primeira oportunidade real para que toda uma massa de tecladistas comuns pusessem finalmente suas mãos em um legítimo polysynth programável. Até então, apenas um privilegiado e restrito grupo de sortudos podiam ter acesso a máquinas caras e sofisticadas como um Prophet 5, Oberheim OB-Xa ou mesmo um Jupiter-8.

Diferentemente dos Juno, o Polysix apresentava VCOs puramente analógicos, e com eles os usuais problemas de instabilidade de afinação e possibilidades de falha. Mas, na prática, o Polysix oferecia uma arquitetura muito semelhante ao Juno. No entanto, muitos tecladistas consideravam seus osciladores melhores do que os da Roland e, para completar, o Korg apresentava conectores para controle externo e memória de patch, que o primeiro Juno não oferecia. Para complicar, a Korg também forçou uma queda de preços quando o Juno foi lançado, colocando a Roland, que já estava perdendo a participação de mercado com o Juno-6, sob pressão para fazer o mesmo.

A evolução da série

O Juno-6 foi então substituído pelo Juno-60 apenas alguns meses após o seu lançamento, oferecendo novos recursos. A memória de armazenamento de patches foi introduzida, permitindo ao usuário armazenar até 54 patches por meio de 18 botões robustos presentes no painel superior. Também oferecia um conector DCB (Digital Control Bus) no painel traseiro e, embora essa tecnologia tenha sido rapidamente ultrapassada pelo MIDI, foi a primeira incursão de Roland na interconectividade digital, permitindo que o Juno-60 fosse conectado a outros instrumentos externos e sequenciadores. Exceto pela memória e o conector DCB, o Juno-6 e o Juno-60 eram idênticos, mas essas adições foram decisivas para reequilibrar a balança do mercado. Além disso, ambos ofereciam um teclado de boa qualidade, controles inteligentemente e "musicalmente" bem posicionados no painel de maneira intuitiva, um poderoso arpejador e o clássico efeito chorus assinado pela Roland.

Juno-106 – O ápice de um clássico

Eis que, em fevereiro de 1984, o MIDI foi finalmente introduzido e a memória de patch foi melhorada de 56 para 128 patches, permitindo um controle mais expansivo. O arpejador de up/down simples incluído nos modelos Juno anteriores foi substituído por um recurso de portamento e assim foi lançado o mais popular de todos os "Jotas" da Roland, o Juno-106, considerado um dos polysynths mais populares de todos os tempos, elevando o nome da série Juno para o patamar que conhecemos hoje. Mantendo os pontos fortes da linha, era igualmente simples de usar e extremamente versátil, com um único oscilador por voz, mas com um som quente e exuberante, e seu aclamado efeito chorus.

Com o modelo 106, a série Juno se consagrava, oferecendo o que havia de melhor dos mundos analógico e digital, sendo um dos últimos sintetizadores clássicos a incluir um controle dedicado para cada parâmetro no painel frontal, para um acesso direto e imediato para a maioria dos recursos de programação do som. Em grande parte, o sucesso dos Juno se deve à sua simplicidade de programação. Sua interface intuitiva oferecia, assim como os Jupiter, acessos diretos a vários parâmetros do som, de forma direta e clara. Pads profundos e leads afiados podiam ser conseguidos com ajustes relativamente simples e rápidos. Pode-se dizer que seu painel era musical, servindo como inspiração para produtores de uma infinidade de gêneros, tornando-se um item quase obrigatório em estúdios dos anos 1980 pelo mundo afora. Como se dizia naquele tempo, "não importa o que se programe, o som de um Juno sempre será bom". Essa facilidade de fluxo de trabalho e interface intuitiva foram decisivos para a popularização da série entre artistas, produtores e gravadoras, que procuravam a facilidade de uso que o Juno trazia à cena.

O Juno-106, terceiro e mais importante máquina da gama Juno, foi um sintetizador subtrativo polifônico de seis vozes, analógico e claro, programável com patches de memória. Com sua arquitetura de voz relativamente simples, era capaz de produzir paisagens sonoras deliciosas, linhas de baixo intensas, cordas, pads, órgãos, pianos, leads, sons de percussão e outros tantos timbres variados e inimagináveis. É interessante notar que foi lançado pela Roland no mesmo ano que o TR-909, uma máquina de ritmo clássica que, como o Juno-106, oferecia uma tecnologia híbrida analógico/digital com controle MIDI. Isso torna o Juno-106 um dos raros sintetizadores clássicos analógicos originais com controle MIDI, e foi uma implementação MIDI bastante abrangente para aquele tempo, especialmente para um sintetizador analógico. Em decorrência disso, o 106 se tornou um sintetizador massivamente popular na dance music, techno, e em praticamente todos os subgêneros da música eletrônica.

Em geral, fazia todas as coisas usuais que um sintetizador analógico faz, embora, segundo a opinião de muitos, soava com um pouco menos de gordura do que um sintetizador VCO. Era uma unidade muito bem construída, com características coloridas no painel frontal, um teclado de 61 notas e vários controles deslizantes e switches dedicados para edição.

Com um oscilador por voz, o Juno-106 possuía um total de seis osciladores controlados digitalmente (DCOs), do mesmo tipo utilizado nos JX-3P, capazes de produzir formas de onda quadrada, dente de serra, pulso e suboitava, mas com subosciladores que podiam ser empilhados no modo 'Unison' — monofônico, resultando em sons de lead-bass gordos e afiados.

O Juno-106 trazia, finalmente, um conjunto de características notáveis, que eram capazes de satisfazer totalmente as exigências de qualquer tecladista em meados dos anos 1980. Em geral, podemos resumir o sucesso deste ícone nas seguintes características:

- **Controle digital com som analógico** – Os DCOs utilizados em toda a série Juno tiveram um grande impacto não apenas no som, mas na usabilidade do Juno-106. Eram mais confiáveis do que os equivalentes VCOs e embora fossem controlados digitalmente, produziam o som em uma saída verdadeiramente analógica, mantendo o caráter analógico do instrumento, com o benefício da estabilidade digital. Os DCOs foram também um dos principais componentes que permitiram aos engenheiros da Roland reduzir o preço da série Juno, atendendo a um novo mercado de amantes de sintetizadores.

- **Armazenamento em patches de memória** — O Juno-106 podia armazenar 128 patches de memória. Possuía um circuito alimentado por bateria para reter os programas mesmo quando o sintetizador estava desligado. Os patches podiam ser armazenados ou carregados a partir das velhas fitas cassete.
- **MIDI** – O Juno-106 apresentava finalmente o revolucionário protocolo MIDI, um padrão de comunicação em tempo real entre instrumentos musicais eletrônicos, computadores e dispositivos relacionados que inaugurariam uma nova era na história da música. O Juno-106 contava com 16 canais MIDI, e MIDI SysEx Data podiam ser transmitidos e recebidos de todos os controles deslizantes e botões do instrumento. As portas MIDI IN/OUT/THRU estavam localizadas no painel traseiro. O Juno-106 é um dos raros sintetizadores analógicos clássicos com o padrão MIDI original de fábrica.
- **A icônica unidade de efeito chorus onboard da Roland** – Poucos poderiam prever que esse efeito de chorus com a assinatura Roland passaria a se tornar uma característica determinante do som do Juno, com uma verdadeira legião de admiradores em todo o mundo. O Juno-106 possuía esse clássico chorus analógico estéreo, de duas vias, que produz um som de caráter bem exclusivo e cheio de personalidade. Oferecia duas profundidades de chorus.
- **Portamento** – O Juno-106 foi o primeiro sintetizador em sua faixa de preço a oferecer a função portamento, um recurso comum nos sintetizadores atuais que permite "deslizar" de um nota à outra. Era uma característica relativamente rara no momento do lançamento e deu ao Juno-106 uma vantagem competitiva que o separava de seus concorrentes. Essa função permitia que o Juno-106 produzisse portamento polifônico, uma exclusividade útil tanto para o desempenho ao vivo quanto para o trabalho em estúdio.

O legado da série

Produzido por quatro anos, o Juno-106 atravessou décadas, e ainda é um teclado procurado e utilizado em produções musicais contemporâneas. Pouco depois do lançamento do modelo, a Roland lançou o Juno-106S, uma versão equipada com alto-falantes estéreo embutidos. Oferecia o mesmo controle de painel frontal e arquitetura de voz idênticos ao modelo 106, com a adição de um suporte de partitura, tornando-o adequado para uso doméstico.

Em 1985, foi lançado o Alpha JUNO-1, como uma alternativa de custo ainda mais acessível da série Juno. Vinha com um teclado compacto de apenas 49 teclas e os botões e controles deslizantes das gerações anteriores foram substituídos por botões de membrana e o seletor Alpha. O Alpha JUNO-2 foi lançado posteriormente, oferecendo um teclado de 61 notas e com a adição de sensibilidade à velocidade e aftertouch.

Desde 2004, vários outros sintetizadores foram lançados sob o nome Juno. Alguns, como a gama Juno-G e Juno-DS, procuram seguir o mesmo conceito de acessibilidade por meio de uma interface de usuário intuitiva que tornaram seus predecessores originais tão populares, embora sua característica sonora seja completamente diferente dos originais. Os modelos Juno mais recentes incluem Juno-D, Juno-Di, Juno-G, Juno-Gi e Juno-Stage.

O Juno-106 foi utilizado por uma variedade diversificada de artistas como Duran Duran, Vangelis, William Orbit, Biosphere, 808 State e Todd Terry, entre outros. No hit de Enya, "Caribbean Blue", de 1991, é possível ouvir um preset de fábrica praticamente não modificado do Juno-106. O modelo continua sendo usado até hoje, em inúmeras produções contemporâneas, como as de Moby, Chemical Brothers, Sigur Ros e Black Eyed Peas, entre muitos usuários e fãs declarados.

No Brasil, um usuário de destaque nos anos 1980 foi o tecladista Luiz Schiavon, do RPM, a banda de rock nacional que se destacava, entre outras características, pelo fato de trazer o som dos teclado lado-a-lado com o da guitarra. Schiavon teve a família toda: Juno-6, Juno-60, Juno-106, e alpha, e usou muitos timbres da linha nos clássicos do RPM. "Usei o Juno-106 em praticamente todo o primeiro álbum do RPM, com strings, pads ou brass. Um destaque foi em 'Rádio Pirata' onde usei o portamento polifônico em vários momentos. Em 'A Dalia Negra', do CD 4 Coiotes, usei o arpejador como base para a música 'Anos'", relata o músico.

PARA OUVIR

RPM
"Radio Pirata"

CAPÍTULO 26

Yamaha DX7

"Todo-poderoso", o instrumento radical da Yamaha, responsável pela extinção em massa dos dinossauros analógicos subtrativos, alterou profundamente o papel do sintetizador e do tecladista na música.

É impossível contar a história da música sem falar dos instrumentos musicais, esses artefatos maravilhosos capazes de produzir sons, utilizados por nós como ferramentas para fazermos música durante os últimos milhares de anos. Afinal, flautas de mais de 35 mil anos, feitas de marfim e de ossos de aves, encontradas em uma caverna na Alemanha, demonstram que o homem tem uma tradição musical muito mais antiga do que se pensava. Mais do que isso, essa relação entre música, tecnologia e instrumentos musicais é muito mais complexa do que se imagina normalmente. Esses e outros artefatos encontrados em escavações arqueológicas são o mais puro exemplo de ferramentas musicais da mais alta tecnologia para aqueles tempos, que forjaram as mais diversas formas de música.

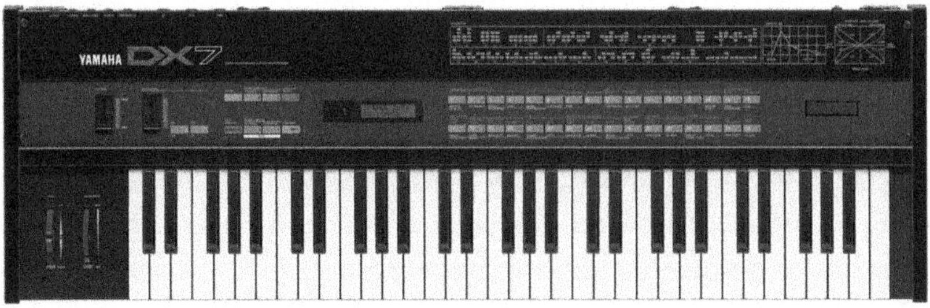

No decorrer desses milênios, a tecnologia evoluiu bastante, possibilitando o desenvolvimento de novos artefatos capazes de produzir outros sons que, por sua vez, foram utilizados como matéria-prima pelos músicos e compositores para produzir músicas que marcaram cada época. E assim, junto com as tecnologias, a música se desenvolve de acordo com o tempo. Por motivos óbvios ou inexplicáveis, alguns instrumentos se impuseram acima da média, se tornando quase o símbolo de uma era musical. É o caso dos violinos na música do século 16, dos pianos na música do século 19, e da guitarra elétrica e dos sintetizadores na música do século 20.

Pense na cultura grega antiga onde a música já era importante, tal qual para a nossa sociedade atual. Embora pouco material escrito tenha sobrevivido, sabemos que a maioria dos cidadãos gregos, além de cantar e dançar, eram educados para tocar pelo menos um instrumento musical com competência. Vários tipos de instrumentos tocados pelos antigos gregos foram encontrados em imagens decorativas de cerâmicas. Um dos mais populares era o phorminx, uma espécie de lira que era usada para acompanhar poetas, ou cantores. Era o violão dos gregos. O primeiro músico que se tem conhecimento a tocar phorminx, foi Terpander, que vivia no século 7 a.C. É claro que, assim como o violino e o piano, o phorminx era compatível com a tecnologia disponível na época.

Dando um salto no tempo e voltando para nossos dias, um fato se destaca claramente na história da tecnologia: O século 20 foi o tempo onde mais ocorreram avanços, em uma ampla gama de atividades, algo nunca observado anteriormente na história. Uma série quase infindável de novos materiais foram todos inventados e desenvolvidos para criar uma situação social sem precedentes, cheia de possibilidades e perigos, praticamente inimagináveis. A eletricidade, o avião, o foguete, os satélites, a eletrônica, o poder atômico, os antibióticos, os inseticidas, o computador... E o DX7!

Para um leigo pode até parecer exagero incluir o Yamaha DX7 na lista acima, mas os prezados leitores entenderão rapidamente. Talvez, na história da música ocidental, nunca houve realmente nada tão violento como o "todo-poderoso" da Yamaha. Não era apenas um instrumento com um novo método de síntese, mas representava uma verdadeira revolução, alterando radicalmente o papel do sintetizador na música.

Na história da música contemporânea, poucos instrumentos foram tão influentes como o DX7. E embora não tenha sido o primeiro modelo FM digital, foi de longe o mais popular, e acabou se tornando referência. Se o Moog é a referência da síntese analógica, o DX7 é a sua contraparte, referência da síntese FM digital. E assim como é impossível falar de música sem falar de instrumentos musicais, é impossível falar da música dos anos 1980 sem falar de modulação de frequência digital (FM) e do DX7.

Um som para todos os gostos

Antes do DX7, os sintetizadores eram associados, quase que unicamente, a sons e ruídos futuristas. Nesse sentido, era muito pouco versátil e acabou sendo rejeitado por muitos gêneros musicais. De repente, o DX7 era capaz de imitar e substituir outros instrumentos de forma convincente e, consequentemente, foi o primeiro sintetizador do mercado de massa a ser realmente viável para uso na maioria dos estilos de música. Embora os sons produzidos pelo DX7 não fossem 100% indistinguíveis dos instrumentos reais que eles se propunham a imitar, em meados dos anos 1980, o modelo não era apenas o sintetizador do momento, mas passou a ser também o órgão, o piano elétrico, o acordeão, o baixo a gaita, o vibrafone etc. Ele não estava apenas no comando do mercado de sintetizadores, mas no comando de todo o mercado de teclas. O DX7 foi o primeiro sintetizador a ser comprado em grande volume por artistas que não tinham interesse por ele como um sintetizador: eles simplesmente queriam usá-lo como um substituto para o piano, com a capacidade adicional de cobrir sons de órgãos, cordas e metais. Por conta disso, gêneros musicais que nunca foram associados aos sintetizadores, adotaram o DX7 em massa.

Um som dominante

Além de estar presente massivamente em quase todas as produções fonográficas, se tornou praticamente o instrumento central na produção de temas de TV e jingles na década de 1980. Só dava DX7! Antes dele, a maioria dos anúncios de televisão e rádio traziam músicas com instrumentos reais. Não eram incomuns grandes produções, com uma grande variedade de músicos. Mas, graças à sua capacidade de reproduzir uma enorme variedade de sons realistas de instrumentos reais, os DX7s começaram a substituir bandas inteiras. Era ruim para os músicos e, sem dúvida, era ruim para a música, mas demonstra a extensão da revolução que o DX7 causou.

Sua chegada foi como um meteoro que caiu para extinguir os dinossauros analógicos que reinavam naqueles tempos. A demanda por sons realistas exterminou os sintetizadores analógicos incapazes de produzir sons de piano e cordas com precisão. O domínio foi tão absoluto que, em poucos anos, muitos sintetizadores de peso sumiram do mercado.

MADONNA
"Live To Tell"

O DX7 ultrapassou todos os limites de popularidade. Não apenas os tecladistas, mas guitarristas, cantores, bateristas, aficionados, e praticamente todo mundo conhecia e falava sobre o DX7 nos anos 1980. E, durante praticamente toda uma década, os tecladistas se dividiam em dois grupos apenas: os que possuíam um DX7, e os que tinham inveja dos que possuíam um DX7.

Síntese digital FM

Mais uma vez, a história da música e da tecnologia se misturam. No decorrer da década de 1970 até o início dos anos 1980, o mundo assistiu novamente uma revolução tecnológica que afetou drasticamente nossas vidas em todos os aspectos, inclusive e sobretudo a nossa música. Naqueles dias, os avanços obtidos no campo dos semicondutores foram impressionantemente notáveis e, de repente, a tecnologia finalmente permitia a fabricação em massa de inúmeros novos componentes eletrônicos baseados em semicondutores e dispositivos que simplesmente eram impossíveis utilizando tecnologias anteriores. Termos como "circuito integrado" começaram a se tornar comum em todos os setores, inclusive na música, e as empresas começaram a produzir instrumentos eletrônicos com base nesse tipo de circuito. A maior parte das tecnologias que definem a vida e a música de hoje começou justamente nessa época.

Uma das mais notáveis, tornada comercialmente viável por esses avanços tecnológicos, foi o gerador de tons de modulação de frequência digital ou, simplesmente, síntese digital FM ou síntese por modulação de frequência.

PARA OUVIR

BRONSKI BEAT
"Smalltown Boy"

A frequência modulada já era conhecida antes disso, mas além de cara, foi desenvolvida inicialmente apenas como um meio para a transmissão de dados por meio de ondas de rádio. Foi apenas na década de 1960 que John Chowning, pesquisador da Universidade de Stanford com principal foco do trabalho em outro campo, descobriu que, além de fornecer um meio de transmitir som, a FM também poderia gerar timbres de áudio por meio de síntese aditiva e produzir tons inalcançáveis por outros meios. Após anos de esforços, em 1971, Chowning usou a síntese FM para criar tons convencionais, incluindo órgãos e metais. Posteriormente, se aproximou de vários fabricantes de órgãos com o objetivo de licenciar a tecnologia, mas como nenhuma empresa americana mostrou interesse, procurou a Yamaha Corporation do Japão que, após uma breve avaliação, reconheceu o potencial da ideia e assinou um contrato de licenciamento exclusivo com a universidade em 1973.

Mas foi apenas em 1981 que a tecnologia permitiria que a Yamaha apresentasse seus primeiros sintetizadores FM comerciais baseados nessa tecnologia, o GS1 e GS2, que, por conta do seu preço elevado era um privilégio de muito poucos. O GS1 e o GS2 foram, entretanto altamente respeitados, assim como os seus contemporâneos Fairlight CMI e Synclavier, e isso evidenciava para todos que a geração de som digital era o futuro. Além disso, o sucesso de teclados compactos e acessíveis como o Korg Polysix revelava que os sintetizadores monofônicos, grandes, caros e analógicos estavam com os dias contados. O ano de 1983 assistiu ao nascimento de um dos sintetizadores mais populares e desejados de todos os tempos: o "todo-poderoso" e deus absoluto dos teclados digitais, responsável pelos timbres mais icônicos dos anos 1980, o único e espetacular modelo DX7, da Yamaha.

A arquitetura do DX7

Esse sintetizador oferecia 16 notas de polifonia, memória para 32 patches e um slot para um cartucho de memória RAM/ROM. Naqueles dias, modelos concorrentes analógicos da mesma faixa de preço, como o Juno-6, tinham polifonia de apenas de seis notas. Nem mesmo os "monstros", como o Sequential T1, conseguiam tocar mais do que 10 notas simultaneamente. O DX7 se tornou, então, a opção mais barata de teclado com polifonia de 16 notas. E era completamente digital! E o primeiro sintetizador com MIDI de fábrica!

O domínio do DX7 foi revolucionário na história de sintetizadores de várias maneiras. Por causa da complexidade e do grande número de parâmetros do método de síntese FM, se cada parâmetro tivesse seu próprio controle, resultaria em um painel enorme que, além intimidar os músicos, seria muito caro para produzir. A solução da Yamaha foi minimizar a interface do usuário com um conjunto de botões — que navegavam por menus e permitiam a seleção individual de cada parâmetro de edição — um pequeno display alfanumérico e um botão para definir o valor de qualquer parâmetro selecionado. Definitivamente, era uma interface muito pouco intuitiva e não era fácil editar patches no método FM, principalmente em um mundo onde a linguagem habitual era a síntese subtrativa. O DX7 era realmente complicado de programar e a grande maioria dos clientes simplesmente não estavam interessados em decifrar aqueles menus complicados para editar um patch original. Isso, porém, não impediu que a popularidade do DX7 aumentasse mais e mais. De fato, a programação de patches se tornou uma nova profissão, e surgiram os profissionais especialistas nisso. A maioria dos usuários do DX7 nos anos 1980 provavelmente nunca editou um único timbre e preferiu comprar bancos de sons prontos ou simplesmente se limitou a utilizar os de fábrica. Infelizmente, o uso de patches de memória acabou criando uma geração de tecladistas que passaram a se preocupar menos com a compreensão do processo de construção do som e acabaram se tornando escravos dos timbres prontos.

Um sintetizador aditivo

O DX7 usa o método de síntese aditiva por meio da modulação de frequência (FM). Nesse método, em linhas gerais, uma onda elétrica,

PHIL COLLINS
"No Jacket Required"

chamada de "transportadora", é modulada por outra onda, chamada de "moduladora". A síntese aditiva funciona de maneira oposta à subtrativa. Nos sintetizadores analógicos, o processo de criação de som se inicia com formas de onda complexas e, em seguida, filtros são utilizados para filtrar os harmônicos 'indesejados", criando assim um timbre. Nos sintetizadores FM, se parte de uma onda simples, na verdade, a mais simples de todas, a onda senoidal. Depois, utiliza-se outra forma de onda para modular e adicionar harmônicos ao som. O sistema FM pode empilhar vários níveis de modulação, onde uma forma de onda já modulada, pode ser novamente modulada por outras ondas moduladoras, em vários níveis. A complexidade e o caráter dos harmônicos que isso pode gerar é infinitamente superior quando comparados às limitadas possibilidades oferecidas pelas ondas analógicas pré-formatadas.

E, embora fosse pouco usual naqueles tempos dominados por gigantes analógicos baseados na síntese subtrativa, esse método é, na realidade, a forma mais antiga de síntese que usamos musicalmente, já teorizada por Joseph Fourier no século 18: "...Qualquer onda complexa pode ser quebrada em ondas senoidais...". Como as ondas senoidais não possuem harmônicos, com ondas senoidais suficientes em diferentes frequências e amplitudes, podemos criar a estrutura harmônica de qualquer som imaginável no universo.

Os primeiros sintetizadores aditivos

Embora pouca gente os considere assim, os órgãos de tubos com registros são os primeiros sintetizadores aditivos de sucesso na história da música ocidental. Eram os DX7s dos tempos de Johann Sebastian Bach. Como sabemos, um sintetizador é constituído por diferentes módulos que atuam em conjunto para produzir um som. Nos órgãos de tubos com registros, a síntese aditiva acontece de forma acústico-mecânica, mas o som final, assim como em qualquer outro sintetizador aditivo, é justamente resultante da síntese de ondas de vários tons, provenientes de diferentes tubos, conforme a seleção de determinados registos. Para ficar mais fácil, podemos dividir o processo em uma cadeia: imagine que um tubo produz uma onda, outro tubo produz outra onda — que interfere na primeira, se "sintetizando" (daí o nome síntese aditiva) — e, sucessivamente, vários tubos que produzem diferentes ondas são adicionados, se sintetizam e criam combinações diferentes de tons de flauta, muito semelhantes às ondas senoidais. Por meio da combinação desses tons, é possível criar milhares de novos timbres ricos.

Por volta de 1900, foram inventados os primeiros sintetizadores aditivos eletrônicos, precursores dos sintetizadores modernos. É o caso do telarmônio, ou telharmonium, criado em 1897 pelo norte-americano Thaddeus Cahill e considerado o avô dos sintetizadores atuais. Não por acaso, esse sintetizador aditivo eletrônico era também um instrumento de teclas. É citado em praticamente todas as histórias sobre o sintetizador. Como o amplificador ainda não existia, possuía enormes rodas de tons, que giravam a altas velocidades para produzir sons ou, em termos técnicos, ondas senoidais, que eram captadas por microfones de telefones e convertidos eletronicamente em sinal elétrico, que podiam ser convertidos em ondas novamente por um alto-falante. O aparelho pesava toneladas, e foi pensado inicialmente como uma forma de distribuir música para restaurantes e afins através da rede telefônica.

As enormes rodas usadas para gerar sons musicais do telarmônio ganharam o nome de tonewheel, inspiração para o desenvolvimento de outro sintetizador aditivo eletrônico que se tornaria um dos maiores ícones da música contemporânea, sobretudo do rock, do blues e do jazz: os órgãos Hammond. O princípio é o mesmo, mas, com o advento do amplificador, foi possível diminuir o tamanho das tonewheels, o que possibilitou um instrumento compacto e móvel.

Em um sintetizador digital, o fluxo de sinal é digital. Descrições binárias do sinal de áudio em uma série de uns e zeros, são alimentadas a partir de um algoritmo para outro. A maioria dos componentes dos sintetizadores analógicos são também copiados e emulados por correspondentes digitais. Os osciladores controlados digitalmente (DCO), por exemplo, podem executar as mesmas tarefas do VCO.

Em meados dos anos 1970, justamente durante o período que Chowning já estava trabalhando no projeto que resultaria no DX7, surgiram os primeiros sintetizadores aditivos digitais. E não eram da Yamaha. No ano de 1974, a RMI apresentou o primeiro sintetizador genuinamente digital disponível para o mercado consumidor, capaz de produzir 16 tons ao mesmo tempo. Um instrumento que, infelizmente, estava anos à frente em termos de conceito e design e não foi compreendido, exceto por alguns poucos músicos muito ligados em tecnologia. O instrumento era monofônico, com dois geradores harmônicos digitais independentes. E a forma de onda de cada gerador poderia ser modificada independentemente. Era como ter dois sintetizadores pressionando uma tecla. A unidade possuía controle FM e filtros controlados por tensão e um pedal de expressão controlava cada saída de áudio. Mas em meados da década de 1970, 16 harmônicos em um teclado monofônico já não era algo assim tão impressionante, e o fato de serem na época realmente caros, fez que os modelos não causassem grande impacto.

Por outro lado, a síntese subtrativa era muito mais barata, pois dependia unicamente de circuitos analógicos. Sua premissa era oposta e mais simples do que a da síntese aditiva, ou seja, tomar apenas uma onda, já complexa, e subtrair harmônicos usando filtros. Os tons resultantes eram quentes, ricos e musicais. Esse método acabou se popularizando, já que praticamente todos os sintetizadores analógicos disponíveis até então eram subtrativos, desde os primeiros Moogs nos anos 1960.

Osciladores versus operadores

Na síntese FM, são utilizados operadores em vez de osciladores, cada operador contendo dois osciladores, emitindo formas de onda senoidais combinadas. Para a conveniência de programação de timbres, a síntese FM requer a aplicação de uma técnica específica para a organização de operadores em uma determinada estrutura. Isso é conseguido agrupando operadores em predefinições, chamados de "algoritmos". O sintetizador DX7 contém 32 algoritmos diferentes, cada um podendo conter até seis operadores. Com apenas um operador (dois osciladores), a síntese de FM era capaz de criar conteúdos harmônicos extremamente densos. Por isso, seu som era absolutamente diferente de qualquer coisa que existia antes.

A síntese FM é única em sua textura e nos timbres resultantes. É especialmente conhecida por seus tons de sinos. Muitos dos primeiros videojogos e máquinas de pinball usavam um mecanismo de síntese FM para o design da música e dos efeitos especiais. Jogos como Paperboy e APB usaram exclusivamente FM, ganhando um som muito original. Além de ser capaz de replicações interessantes de instrumentos acústicos, os sons resultantes da síntese FM do DX7 eram precisos e brilhantes, o oposto dos analógicos. Isso funcionava inclusive nos tons graves, perfeitos para sons de baixo que precisam de clareza. Suas cordas eram obviamente falsas, mas de maneira extremamente agradável. Os metais, eram vigorosos, brilhantes e cortantes. Instrumentos de sopro eram, finalmente, convincentes. Um universo inteiro se abria, de tons extremamente puros a tons caóticos e atonais. Um de seus timbres mais icônicos, o piano sintético e brilhante, passou a ser quase que um item obrigatório em praticamente qualquer produção musical dos anos 1980. O difícil é achar um hit dessa época que não trazia o DX na ficha técnica.

O som frio do DX7 pode ser ouvido quase em cada hit lançado nos anos 1980. Todas as estrelas da época dourada da discoteca e do pop, de Queen a Depeche Mode, de A-Ha a Michael Jackson, de Kraftwerk a Jean-Michel Jarre e Sting, usaram o DX7 em suas melhores composições. No Brasil, seja por César Camargo Mariano no jazz ou por Lincoln Olivetti no pop nacional, o DX7 é o som das teclas que praticamente dominou uma década inteira.

Impossível listar todos os usuários, mas, para ter uma ideia, estão entre eles Queen, Michael Jackson, Madonna, Jean-Michel Jarre, Vangelis, Elton John, Stevie Wonder, Phil Collins, Chick Corea, A-Ha, U2, Orbital, Kitaro, Supertramp, Enya, Talking Heads, Yes, Brian Eno, The Cure, Tony Banks, Jan Hammer, Roger Hodgson, Teddy Riley, Steve Winwood, Depeche Mode, Fluke, Toto, Donald Fagen, Julian Lennon, Crystal Method e Herbie Hancock. Esses foram os primeiros, mas isso é só o começo.

CAPÍTULO 27

Casio CZ

Os sintetizadores da linha CZ da Casio são considerados "cult" e aclamados por muitos por ter um timbre muito especial e "analógico".

A linha CZ foi desenvolvida pela Casio na década de 1980 com um método não usual de síntese, patenteado pela empresa e conhecido como distorção de fase. De certa forma, é assemelhado ao sistema desenvolvido posteriormente pela Yamaha e intensamente utilizado na linha DX. Em termos simples, trata-se de uma maneira de gerar sons complexos a partir de um modulador que gerava diversos tipos de ondas que eram sobrepostas a uma portadora senoide, distorcendo-a e sendo sincronizadas por ciclo.

Para tornar os sintetizadores CZ baratos, o que os tornaria acessíveis a músicos amadores (um mercado muito maior que o mercado de músicos profissionais), a Casio usou a síntese digital sem filtro em vez de síntese subtrativa analógica tradicional, com filtro. Como muitos dos primeiros sintetizadores digitais, seu som era considerado "menos gordo" que o de um sintetizador analógico. No entanto, a linha CZ usou a distorção de fase para simular um filtro analógico. Como resultado, se produz séries harmônicas complexas produzindo sons similares aos de síntese subtrativa tradicional. A vantagem é o custo bem menor que o tradicional formato de VCO + VCF + VCA pois esses módulos, que são o coração dos sintetizadores tradicionais, são bem mais caros.

Tinha no total oito formas de onda diferentes: além das formas de onda padrão — dente-de-serra, quadrada e pulso — tinha uma forma de onda senoidal dupla, uma forma de onda meio senoidal e três formas de onda com simulação de ressonância de filtro: dente de serra ressonante, triângulo e trapezoidal. A simulação de ressonância de filtro não foi considerada muito próxima da ressonância de filtro real, sendo uma forma de onda simples no corte do filtro em vez de uma ressonância real do filtro.

Cada oscilador digital podia ter uma ou duas formas de onda. Ao contrário de outros sintetizadores, onde ter múltiplas formas de onda fazia que elas fossem mixadas (paralelas), os sintetizadores CZ tocariam uma forma de onda e depois a outra, e assim por diante, alternadamente. Isso poderia causar o aparecimento de uma sub-harmônica em uma oitava abaixo da afinação do som, por conta de o tempo da forma de onda combinada ter o dobro da duração de uma única forma de onda. Foi possível combinar duas formas de onda não ressonantes juntas e combinar uma forma de onda ressonante com uma forma de onda não ressonante, mas não foi possível combinar duas formas de onda ressonantes.

A técnica de síntese de distorção de fase da Casio foi desenvolvida pelo engenheiro Mark Fukuda e evoluiu a partir do Cosmo Synth System desenvolvido sob medida para o compositor e sintetista Isao Tomita. Yukihiro Takahashi também esteve a bordo durante o desenvolvimento e excursionou com um CZ-1 em 1986. Segundo uma publicidade da Casio à época, "nós projetamos este sintetizador para que você não precise ser um engenheiro para tocá-lo".

Modelos

Oito modelos de sintetizadores CZ foram lançados: CZ-101, CZ-230S, CZ-1000, CZ-2000S, CZ-2600S, CZ-3000, CZ-5000 e o CZ-1. Na época de seu lançamento, o preço dos sintetizadores CZ tornou os teclados

PARA OUVIR

CARLY SIMON
"Coming Around Again"

programáveis acessíveis o suficiente para bandas de garagem.

Em 1984, foi lançado o CZ-101, a um preço de aproximadamente um quarto do valor de um Yamaha DX-7. Pequeno, com miniteclado, muito barato, mas que soava muito bem, alcançou grande popularidade. O problema é que parecia um brinquedo.

Em função do sucesso de vendas do CZ-101, foi lançado, logo em seguida, o CZ-1000, que se tornou a máquina de entrada da linha profissional. Trata-se essencialmente de um CZ-101 com 49 teclas de tamanho normal. Também utiliza a síntese de distorção de fase (PD), o que o torna versátil na geração de sons. Mas, como todos os sintetizadores PD, não é muito fácil de programar se o músico não sabe um pouco sobre teoria e design de formas de onda.

É composto por três conjuntos de envelopes de oito estágios. O primeiro é usado para modificar os passos do DCO. Outra seção de envelope de oito estágios é usada para modificar o ângulo de fase ao longo do tempo, funcionando como filtro. Finalmente, o amplificador DCA também possui um envelope de oito estágios para modificar o volume de sons ao longo do tempo. Para mais ajustes, o CZ-1000 emprega quatro tipos de vibrato que formam uma seção simples do tipo LFO com formas de onda triangulares, quadradas, rampa up ou down, bem como configurações de delay. Também oferece portamento, que permite o efeito de "deslizamento" clássico de uma nota para a próxima. Polifonia de oito vozes, noise e ring modulation complementam o sistema. É também MIDI, mas tem apenas 32 memórias, sendo 16 presets e 16 de usuário.

O CZ-101 e o CZ-1000 tinham apenas oito osciladores digitais. Para patches usando um oscilador por voz, isso permitia polifonia de oito notas, mas se dois osciladores por voz fossem usados, isso restringia a polifonia a quatro vozes.

O CZ-230S foi lançado em 1986. Apesar da numeração, o modelo não era realmente um sintetizador programável: suas especificações se assemelhavam mais a um dos teclados domésticos da Casio. Oferecia a tecnologia de síntese do CZ-101 em um banco de som de 100 sons, tinha um miniteclado de 49 teclas, incorporava a tecnologia de computador de bateria RZ1 e trazia um alto-falante embutido. Apenas quatro dos sons no banco de memória podiam ser programados conectando o sintetizador a um computador via porta MIDI. Apesar de todas essas limitações, foi utilizado por Vince Clark na gravação de Wonderland, do Erasure.

Na mesma família foi lançado o CZ 3000, com as mesmas características da distorção de fase, sendo, essencialmente, como dois CZ-1000 em uma única maquina. A polifonia passa para 16 vozes e dois osciladores por voz. O teclado cresceu para cinco oitavas, foi acrescentado um chorus aos efeitos da linha e o banco de memória cresceu para 32 presets e 32 de usuário. Apesar dos aprimoramentos, manteve a característica de excelente relação custo benefício que fez o sucesso da linha.

O CZ-5000 expandiu a série Casio CZ para um nível ainda mais profissional. Baseado nos sintetizadores CZ-101 e CZ-1000, o CZ-5000 trazia muitos recursos novos, mantendo os métodos de geração de som e programação. O teclado de 61 notas (cinco oitavas) é capaz de ser dividido em graves e agudos (split). Há um sequenciador de oito pistas e até 6400 notas em step-time, não dispondo de quantizer. Mas funcionava bem para armazenar ideias ou criar sequências para editar em tempo real. Finalmente o CZ-5000 traz um banco de formas de onda aumentado, permitindo a geração de sons mais pesados. É como ter dois sintetizadores CZ-1000 instalados na mesma máquina. Foi o topo de linha da marca, juntamente ao CZ-1, considerado o melhor e mais avançado da família na época.

O CZ-1 trazia um teclado mais aprimorado com velocity e aftertouch. A máquina era exatamente como a do CZ-5000, mas o visual foi aprimorado. O banco de memória passou para 64 presets e 64 de usuário, mas podia ser expandido para mais 64 por meio de um cartucho externo. Em compensação, deixou de trazer o sequenciador.

Em resumo, a CASIO, por meio desse método de síntese, ofereceu ao mercado uma família de teclados de custo consideravelmente mais baixo que os similares, mas com qualidade de som profissional. Prova disso é que foram usados por artistas do calibre de Kitaro, Vince Clark, Yanni, The Orb, Isao Tomita e Jean-Michel Jarre, entre muitos outros.

CAPÍTULO 28

Roland D-50

Combinando a reprodução de amostras com síntese digital (sistema chamado Linear Arithmetic Synthesis), o D-50 foi o precursor da tecnologia híbrida que se tornou protótipo para o desenvolvimento de sintetizadores dos anos seguintes.

No fim da década de 1980 e início dos anos 1990, havia três teclados que dominavam o cenário internacional, e o único consenso entre os tecladistas é que não havia consenso para eleger qual deles era melhor: Yamaha DX7, Korg M1 ou Roland D50? Empate técnico! E o fascínio por esse trio continua vivo até hoje. Esses são, possivelmente os três sintetizadores digitais mais vendidos de todos os tempos, e os que mais apareceram em produções musicais desse período. É difícil encontrar uma crítica desfavorável por parte dos tecladistas que viveram esse tempo, pelo menos em termos de sonoridade. É claro que, nos três casos, as interfaces de usuário minimalistas com pouquíssimos botões eram um tanto quanto frustrantes, mas, naquele tempo, parece que isso só aumentava a motivação e, de certa forma, obrigava os tecladistas a devorarem os pesados manuais de instruções, sempre em inglês, que os acompanhavam.

Os três também foram pioneiros. O DX-7, de 1983, foi o primeiro sucesso comercial na era dos sintetizadores digitais. Em 1987, a Roland resolveu entrar definitivamente na era digital e lançou um teclado que praticamente definiu a música dos últimos anos da década de 1980 e início dos anos 1990. Seu reinado absoluto duraria um ano, até a chegada do Korg M1, que passou a competir diretamente e dividir o mercado com ele, embora este fosse uma "workstation" e custasse mais caro que o D-50. Embora fossem diferentes, esses três clássicos tinham a mesma essência: eram sintetizadores totalmente digitais. No caso do D-50, um sintetizador digital subtrativo.

O D-50 foi fabricado de 1987 a 1989 e era conhecido por ser um sintetizador de preço moderado, em comparação aos seus concorrentes, o que fez que ele praticamente dominasse o mercado. No final dos anos 1980, não é exagero dizer que de cada dez novos teclados vendidos, nove eram o D-50. Neste período, bastava ligar o rádio, e não tardaria muito para ouvir o som e perceber a influência desse clássico da marca no pop, no rock, ou no jazz. É claro que quando foi lançado, a popularidade do Yamaha DX7 estava em declínio e a Roland soube aproveitar muito bem isso.

O melhor sintetizador digital da Roland competia diretamente com o aclamado Yamaha DX7, mas, como foi lançado apenas quatro anos mais tarde, apresentava uma interface mais intuitiva e era muito mais fácil de usar. Foi o primeiro sintetizador de preço acessível a combinar a reprodução de samples com síntese digital, processo que a Roland denominou LAS – Linear Arithmetic Synthesis (em português, síntese aritmética linear). Ao combinar amostras de PCM de 8 bits com sons gerados por sintetizadores "LAS", o D-50 era capaz de produzir sons únicos e complexos. As amostras PCM continham os transientes de ataque, enquanto o resto do som vinha da seção LAS, que soava muito similar aos sons analógicos.

Era um polifônico com 61 teclas que possuía, também, uma versão rack, o D-550. Ambos possuíam MIDI com 16 canais, mas como eram originalmente bitimbrais, o músico só podia usar dois canais por vez, embora houvesse a opção (por meio de uma placa de expansão M-EX) que dava ao D-50 e à sua versão em rack, 16 canais simultâneos de comunicação multitimbral via MIDI. Os modelos também contavam com um poderoso acessório opcional, o programador externo Roland PG-1000

(1987-1990), com vários faders e botões, que podia ser conectado para a manipulação mais complexa de seus sons. Descendentes diretos da linha D-50 incluem o D-5, D-10, D-110 (unidade rack) e D-20.

O caráter dos sons do D-50 é de uma riqueza extraordinária. Som meio que análogo, mas misturado com perfeição digital e cristalina, sem perder o calor e a beleza auditiva, um todo que em geral, é muito difícil de conseguir. Foi praticamente o primeiro sintetizador analógico virtual da história.

PARA OUVIR

ENYA
"Orinoco Flow"

Sim, você leu corretamente. A resposta reside em uma nova maneira de sintetizar sons. Em um sintetizador analógico virtual, a maioria dos componentes dos sintetizadores analógicos são copiados e emulados por correspondentes digitais. Os osciladores controlados digitalmente (DCO), por exemplo, podem executar as mesmas tarefas do VCO. Em outras palavras, um teclado é um "analógico virtual" quando é projetado para emular digitalmente, os circuitos analógicos, ou seja, uma simulação via software do comportamento dos circuitos analógicos utilizados na construção dos vintage originais. Isso, obviamente, resulta em um som muito parecido ao dos sintetizadores analógicos. E isso era apenas um "pedaço do bolo" que o D-50 oferecia.

Synth + Samples

O D-50 usava uma tecnologia muito inteligente para oferecer uma simulação de um sintetizador analógico convencional, com todos os controles que o músico pode esperar. Isso, por si só, já era um grande avanço tecnológico, mas, sobretudo — e isso foi a grande novidade —, esse lendário sintetizador da Roland oferecia uma inovação adicional muito especial: em vez de apenas formas de ondas, o D-50 possibilitava a adição de amostras PCM de sons reais, que podiam ter pitch e envelopes alterados, como se fossem formas de ondas comuns. E estas não eram apenas formas de onda analógicas do som real armazenadas — como nos sintetizadores da série Korg DW —, mas continham as gravações digitais reais. Além disso, as saídas dos geradores de som — tanto os dos sintetizadores como os dos samples PCM — podiam ser processadas por um Ring Modulator, oferecendo mais uma possibilidade para a criação de sons.

JEAN MICHEL JARRE
"Révolutions"

Os engenheiros da Roland chegaram à conclusão de que o componente do som de um instrumento mais difícil de simular de maneira realista era o ataque e, assim, incluíram quase cem ataques amostrados diretamente na memória. O sintetizador reproduzia um ataque e em seguida usava a seção de sintetizador para criar o "resto" do som. Esse processo duplo (LAS) era necessário já que, em 1987, a memória era ainda muito cara. A Roland, no entanto, incorporou uma série de amostras de "texturas" que poderiam ser misturadas na parte de sustentação sintetizada. Essas amostras sustentam vários patches do D-50 com qualidade exuberante e espacial, particularmente no uso de amostras de coro, sopro e cordas. Na verdade, esse esquema acabou se tornando um método comum de criação de sons de teclado digital por mais de uma década, até que as memórias flash fossem finalmente suficientes para armazenar amostras inteiras ou multissamples.

E tem mais: o destemido D-50 possibilitava que até quatro sons fossem tocados simultaneamente, quatro sintetizadores analógicos, ou quatro amostras PCM, ou qualquer combinação. Isso, efetivamente, oferecia quatro sínteses subtrativas DCO, que podiam produzir alguns sons "muito análogos", característica que o destacava de seu concorrente DX-7. Aliás, essa característica desapareceria nos sintetizadores dos anos subsequentes, por conta do uso exclusivo de amostras PCM, ou métodos de síntese de som "mais digitais" como o FM. No entanto, os analógicos virtuais ressurgiram nos últimos anos com toda a força.

Geração sonora

Cada som composto, ou Tone, que o músico tocava no D-50 era composto de sons individuais chamados Partial (parcial). Cada Partial podia ser formada por um dos dois geradores de som: fosse uma simulação de sintetizador subtrativo ou uma amostra PCM. No final, o Ring Modulator adicionava flexibilidade extra, que resultava em um total de sete combinações. No painel frontal do D-50, há um diagrama mostrando essas sete estruturas em toda a sua glória.

Em geral, haviam 16 tons disponíveis. Quer dizer que um timbre composto por apenas um tom, oferecia uma polifonia de 16 notas, onde cada tom era composto por duas parciais. Se o músico utilizasse quatro fontes de som separadas, a polifonia cairia para oito notas, com dois tons (quatro parciais) no modo duplo. O tecladista também podia dividir o teclado em qualquer lugar, mantendo a polifonia de oito notas em ambos os lados da divisão.

É claro que sempre haverá críticos mais exigentes que dirão que este método de síntese digital resultava em um som semelhante, mas um pouco mais frio e arrumado, quando comparado à tecnologia puramente analógica empregada por sintetizadores anteriores. Mas até os mais

O famoso cantor e guitarrista britânico Eric Clapton também se rendeu a um D-50: o patch "O K Chorale" foi usado na introdução da canção "Bad Love".

PARA OUVIR

ERIC CLAPTON
"Bad Love"

puristas concordam que um análogo virtual soa muito mais quente do que os digitais.

O D-50 também foi o primeiro sintetizador a incorporar uma unidade de reverberação/multi-fx embutida, fato que contribuiu para o seu lendário som. Fabricantes anteriores — como a ARP com o seu Spring Reverb, no 2600; a Korg com o Chorus/Ensemble/Phaser, no PolySix; ou o Flanger, no Trident — são exemplos dos primeiros tempos da implementação de efeitos nos teclados, mas a Roland fez o serviço completo com o D-50. Ele também possuía um controlador de joystick para a manipulação dos timbres em tempo real.

O D-50 era ótimo para pads e novos sons "não acústicos", sons percussivos, e texturas em estéreo e profundas. Ao combinar a reprodução de samples com síntese digital, o D-50 era um instrumento extremamente exclusivo quando chegou ao mercado. Enya, Michael Jackson, Eric Clapton, Jean Michel Jarre, Vince Clarke, Rick Wakeman, Kitaro, Rush e Vangelis são apenas alguns dos muitos usuários satisfeitos que usaram timbres de fábrica em suas produções, e assim, o D-50 se tornou um clássico e uma referência extremamente importante na paisagem sonora da história da música contemporânea.

Personalidade

Os presets do D-50, foram assinados por Eric Persing e Adrian Scott, e foram extremamente bem recebidas pela comunidade de artistas. A maioria dos patches de fábrica podem ser ouvidas em inúmeros álbuns comerciais do final da década de 1980 e são uma lenda à parte. Patches como "DigitalNativeDance", "StaccatoHeaven", "Fantasia", "GlassVoices" e "LivingCalliope" são tão comuns que praticamente viraram clichê entre os tecladistas. Alguns dos presets do D-50 ainda vivem em cada teclado ou software que seja compatível com a especificação GM - General MIDI, incluindo "Intruder FX", "Fantasia" (alternativamente chamado "NewAgePad"), "Soundtrack", "Atmosphere" e "NylonAtmosphere".

Um dos presets mais conhecidos do Roland D-50 é o "Pizzagogo", que aparece no hit "Orinoco Flow", de Enya, no álbum Watermark. A seção de cordas em pizzicato que se pode ouvir durante quase toda a música é, efetivamente, esse patch do D-50. Obviamente, o som foi mixado e o reverb aumentado. Esse som de cordas pizzicato também pode ser ouvido na canção "Cursum Perficio", do mesmo álbum.

Marcus Miller, um dos principais programadores de teclados do álbum Amandla, de Miles Davis, também usou o D-50 em algumas músicas. É possível ouvir, por exemplo, o aclamado "Digital Native Dance" durante os primeiros segundos como o fundo de pad na introdução de "Catembé". E quem é fã dos Simpsons também ouviu o D-50 no tema de abertura, que começa com o patch de fábrica "D-50 Voices".

CAPÍTULO 29

Korg M1

Além de ser o teclado mais vendido de toda a história, com mais de 250 mil unidades, o Korg M1 foi o sintetizador digital clássico que definiu o arquétipo de toda uma nova categoria de instrumentos musicais: a Workstation.

Quando os sintetizadores inundaram o mercado nos anos 1980, o universo da produção musical efetivamente se tornou uma corrida geral para ver quem podia utilizar primeiro os sons mais avançados para produzir um sucesso. Novas formas de música eram praticamente definidas por seus "novos sons". O poderoso Korg M1 era, simplesmente, o instrumento ideal para esses tempos, proporcionando um conjunto diversificado de sons e recursos de produção musical que possibilitavam a criação de faixas completas graças a um conceito revolucionário denominado popularmente workstation, ou estação de trabalho. Foi o sintetizador mais vendido de todos os tempos, ao lado do Yamaha DX7, e seus sons lendários ajudaram a forjar diversos gêneros musicais.

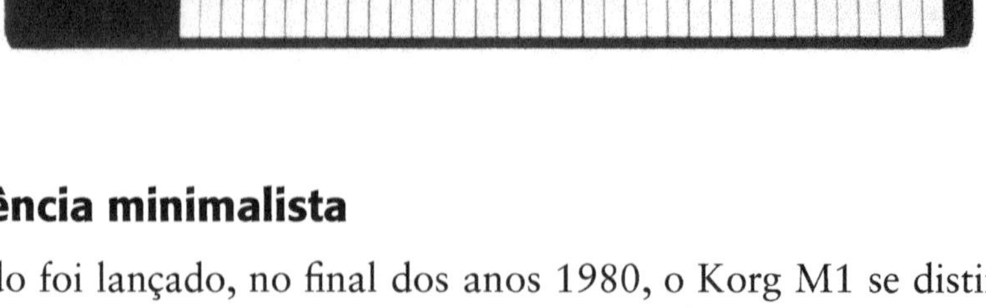

Aparência minimalista

Quando foi lançado, no final dos anos 1980, o Korg M1 se distinguia bastante de todos os concorrentes por sua aparência extremamente minimalista e um tanto futurista para os padrões da década. Um envoltório todo em negro com bordas arredondadas, painel LCD central, pouquíssimos botões e um atraente slot de cartões de memória — que eram oferecidos como bibliotecas adicionais de sons — pareciam ter acabado de sair de um filme de ficção científica.

Mas, com apenas três controles — volume, fader de dados e o típico joystick Korg — era um teclado que estava muito longe de ser intuitivo. No final dos anos 1980, se você quisesse constranger qualquer recém — proprietário de um M1, bastava perguntar-lhe "como faz para desligar os efeitos?". O cara ficava feito louco apertando vários botões transparentes e tentando navegar por um extenso menu, com infindáveis parâmetros que, na maioria das vezes, quando acionados, alteravam completamente o comportamento dos botões no painel. Eram menus dentro de menus. Uma verdadeira engenhoca. É obvio que o enorme manual de instruções (em inglês-nerd) tinha que ficar sempre à mão.

Ironicamente, o principal motivo do sucesso desse clássico da Korg é que, internamente, ele era justamente o oposto de sua aparência. Pode-se dizer que a única coisa realmente exclusiva no Korg M1 era o seu conjunto. O modelo foi único em sua combinação de teclado, som realista baseado em amostragem e síntese, bateria eletrônica, sequenciador e multiefeitos digitais em uma unidade compacta, uma poderosa máquina multitimbral capaz de reproduzir até oito partes simultaneamente, que oferecia uma infinidade de efeitos e, surpreendentemente para aqueles tempos, vinha equipado com um fantástico sequenciador de oito canais bastante sofisticado. Com memória interna com capacidade de armazenamento de até 10 songs e 100 patterns, era possível programar tocando diretamente no teclado ou por step-sequencer, e oferecia quantização completa e várias possibilidades de edição.

O conceito Workstation

Por conta desse conjunto de características, o Korg M1, com o tempo, passou a ser chamado de Workstation, ou "estação de trabalho", afinal, essas características não cabiam mais na simples ideia de um teclado. Lembre-se que estamos falando da era pré Logic/Cubase e o M1 era praticamente a única opção acessível que oferecia todos esses recursos em uma só caixa. Não era exatamente uma unidade barata, mas era infinitamente mais acessível do que caros e complexos sistemas como Fairlight e Synclavier.

Na parte traseira, o M1 oferecia uma saída 1L-2R estéreo, mais duas saídas mono auxiliares 3 e 4, totalizando quatro outputs. O MIDI também estava presente, com MIDI IN-OUT-THRU. Um pequeno botão ajustava o contraste do painel LCD de controle central. Oferecia ainda duas entradas de pedal de controle e um slot de cartões de memória adicional. A presença do MIDI tornava o M1 ideal para produção em estúdio, daí seu sucesso em dance e house music.

Em uma indústria competitiva em que um sintetizador que vende algumas dezenas de milhares já é considerado um êxito, o Korg M1 é um clássico digital que superou todas as expectativas de mercado chegando a vender aproximadamente 250 mil unidades durante seus seis anos de produção. Ainda é considerado o sintetizador mais popular de todos os tempos e, como tal, ajudou a moldar o som do final dos anos 1980 e início dos anos 1990, sobretudo no pop e dance, mas também no rock e outros gêneros.

A mecânica

O teclado de cinco oitavas era sensível à velocidade e oferecia aftertouch que, com o joystick, podia ser usado como controle para manipulação pré-programada do som em tempo real. O mecanismo de sintetizador do Korg M1 consistia em um ou dois osciladores digitais por patch com formas de onda amostradas armazenadas na memória. Ou seja, possuía síntese integrada para criação de som digital completo e formas de onda amostradas e sintetizadas que podiam ser moldadas por meio de edição usual de estilo analógico, como filtros e envelopes. O músico podia usar uma ou duas amostras em paralelo como um oscilador. Possuía um total de 16 osciladores, possibilitando uma polifonia de 16 notas. As duas vozes do oscilador eram então

PARA OUVIR

QUEEN
"The Show Must Go On"

processadas por um filtro lo-pass digital e, em seguida, alimentadas no amplificador digital. Três envelopes e dois LFOs disponíveis, e finalmente uma seção completa de multiefeitos digitais completavam a arquitetura de programação.

A seção de efeitos estava generosamente equipada para um sintetizador dessa época: dois blocos FX com 33 tipos, incluindo Reverb, Delay, Chorus, Flanger, Phaser, Distorção, uma simulação Leslie, EQ e muito mais.

O som do Korg M1

O Korg M1 foi um teclado imensamente popular no final dos anos 1980 e início dos anos 1990 por sua capacidade de reproduzir com segurança o som de instrumentos acústicos realistas e, ao mesmo tempo, sons de TechnoSynth.

Do ponto de vista atual, a maioria dos presets só poderia ser usada como uma citação irônica, mas, como complemento de estúdio, o M1 continua sendo interessante, em muitos casos justamente pela resposta de frequência limitada das suas amostras, o que possibilita que seu som se encaixe perfeitamente nos arranjos: sons interessantíssimos e variados que vão desde pan flutes e kalimbas a pianos acústicos exagerados e cordas vibrantes, que soam com certa elegância ao mesmo tempo realista e sintética. O típico timbre de piano se tornou padrão na House Music e pode ser ouvido em inúmeras faixas da época como, por exemplo, em "Vogue", de Madonna.

Outro timbre clássico que vinha nas predefinições de fábrica era o som de órgão, que ainda é usado em produções atuais de house e dance, e ficou famoso no sucesso "Show Me Love", de Robin S. Também aparece em "Gypsy Woman (La Da Dee La Da Da)", de Crystal Waters, onde o M1 desempenha papel central no arranjo.

Também alguns "sons naturais de fantasia" — qualquer patch que tinha o termo "Magic" era sempre interessante — e o efeito parcialmente industrial dos sons de percussão são lendários (como Pole ou snare snare).

O modo Combi permitia combinações de camadas e divisões do teclado com até oito sons reproduzidos simultaneamente. Mas a principal fraqueza se revelava na hora de tentar tirar sons de baixo, embora o patch de fábrica "SlapBass" tenha ficado famoso nas aberturas da série

Seinfeld. Mas, em geral, baixos mais gordurosos com punchy ou sons analógicos quentes eram quase impossíveis de fazer com o M1. Ao desligar os efeitos, era possível perceber o caráter um tanto duro e sem vida de muitos timbres do modelo.

Os 4MB de memória de amostragem podem parecer ridículos agora, mas, na época, davam conta total do serviço. O Korg M1 vinha com um banco predefinido de 100 amostras de bateria e percussão, e cada som foi exaustivamente utilizado por produtores em todo o mundo.

A versatilidade e a simplicidade do M1 foram rapidamente captadas por músicos e estúdios de grande e pequeno porte, e não demorou muito para que seus sons começassem a aparecer nas paradas. No início dos anos 1990, era utilizado em todo tipo imaginável de produção musical, desde anúncios para programas de TV a hits de sucesso.

PARA OUVIR

MADONNA
"Vogue"

Legado

No início dos anos 1990, versões em rack do M1 foram lançadas. O M1R era um rack de 2U com a mesma ROM, patches e combis do M1. O teclado M1EX e sua versão rack, a M1R-EX, traziam um bloco adicional de 4MB de formas de onda na ROM. O M3R foi um modelo reduzido, em formato 1U, que trazia sons semelhantes e sua própria linha de cartões ROM. O M1 era uma estação de trabalho poderosa e ainda é amplamente utilizado nos estúdios. Pode-se encontrar facilmente unidades para comprar no mercado de usados, mas como esses teclados já eram totalmente digitais, as versões de software VST podem emular o M1 com perfeição.

Os Autores

Jobert Gaigher

Jobert Gaigher é tecladista com mais de 25 anos de carreira e profundo conhecimento sobre tecnologia musical e áudio. Foi um dos primeiros brasileiros a utilizar um computador no palco, em 1991. Além de músico, compositor, educador e produtor cultural, é consultor de marketing para os mercados de áudio e música.

Desde o início da década de 1990, acompanhou de perto a evolução da tecnologia no palco e no estúdio, atuando junto a grandes artistas e empresas desenvolvedoras de hardware e software. Durante o "boom" da tecnologia no final da década, já era demonstrador e especialista desde as primeiras versões de softwares como Pro Tools, Logic, Cubase e Auto-tune, entre tantos outros.

Acompanhando artistas de renome nacional e internacional, tocou em importantes casas de shows e teatros, participou de apresentações para grandes públicos, e de gravações de vários álbuns brasileiros durante a década de 1990 nos estúdios da RGE em São Paulo. Na Quanta Brasil, desenvolveu vários projetos relacionados à tecnologia musical, tendo atuado como coordenador e gestor de três importantes unidades em períodos diferentes: Quanta Service, Quanta Educacional e Marketing Digital.

Durante os anos de 2003 a 2007 morou em Londres, onde participou de várias gravações em estúdio e performances ao vivo em festivais e eventos no Reino Unido, Espanha e Itália. Durante este mesmo período, foi também supervisor técnico dos departamentos de áudio e teclados da tradicional loja inglesa Andertons CO., uma megastore localizada no Surrey, com mais de 50 anos de tradição.

Em fevereiro de 2008, ao retornar ao Brasil, produziu e atuou no espetáculo solo “Homo Artisticus Artisticus”, que lhe valeu algumas apresentações em São Paulo e Minas Gerais, inclusive na Virada Cultural Paulista (São Paulo e Araraquara) de 2008. Ainda em 2008, fez a trilha para um musical contemporâneo para o grupo de teatro Prosoprotrópicos de Araraquara. Nesse período foi eleito por músicos da cidade como conselheiro municipal de cultura, para ocupar a cadeira de música, onde lutou pela elaboração de um código de ética modelo para todos os conselhos municipais.

Em 2009, foi convidado pela empresa Quanta Brasil para coordenar uma nova unidade educacional voltada para o fomento da utilização da tecnologia digital nas salas de aula. Assim, idealizou, projetou e posteriormente coordenou todo o processo de desenvolvimento do Sistema de Educação Musical “e-SOM” — um acrônimo para “Educar”, “Socializar”, “Orientar” e “Musicalizar” —, sistema multimídia para educação musical em escolas públicas. O sistema foi qualificado pelo Ministério da Educação e Cultura do Brasil e incluído no Guia Nacional de Tecnologias Educacionais.

Nos últimos anos, seu nome ficou fortemente relacionado à NORD, pois foi especialista da marca no Brasil durante os anos de 2015 a 2017 e realizou inúmeras demonstrações em vídeos e workshops em eventos e shows por todo o Brasil.

Atualmente, Jobert escreve para a revista digital Teclas & Afins sobre teclados vintage, atua como músico freelance com alguns artistas de rock, jazz e blues, e é coordenador de marketing na Agência Priorart Brasil.

Jorge Poulsen

É músico, com formação em piano no conservatório Carlos Gomes e, Engenharia, no Instituto Mackenzie. Estudou harmonia, improvisação e composição com Cláudio Leal Ferreira; música eletrônica, com Luiz Oliveira e Conrado Silva, e arranjo com Nelson Ayres. Completou sua formação com Ricardo Breim, na escola Espaço Musical.

Lecionou piano e programação de sintetizadores nas escolas Travessia, de 1977 a 1980; no CLAM, do Zimbo Trio, e na Fundação das Artes de São Caetano, em SP.

Nos palcos, integrou a banda de Walter Franco e o Grupo Freelarmonica de jazz.

Como sound designer e compositor, gravou, produziu e mixou trilhas para longas- metragens, tais como A Dama do Cine Shanghai, Feliz Ano Velho, Made in Brazil e Voo do Condor. Para o mercado publicitário produziu jingles e trilhas.

Com Conrado Silva e Lucas Shirahata, fundou, em 1984, a Synthesis – núcleo de música eletrônica. A escola foi pioneira no ensino de programação, MIDI, gravação home studio e composição de música contemporânea, formando uma geração de músicos, professores, programadores, demonstradores e especialistas de produtos, bem como donos de lojas e representantes. Na época, a escola apresentou workshops e concertos no MASP, Instituto Goethe, Cultura Inglesa e ECA-USP.

Em 1991, funda a Tecnologia Musical em parceria com Conrado Silva, dedicada à consultoria, projeto e vendas de equipamentos de gravação de estúdios e representante brasileiro da Digidesign/Avid e do sistema Pro Tools.

A convite de Ricardo Breim, em 2017, retorna às atividades de músico, dedicando-se a aulas, workshops de piano e harmonia e apreciação musical.

Atualmente, é professor de piano e consultor para projetos e vendas de equipamentos para estúdios de áudio.

Luiz Schiavon

Luiz Antônio Schiavon Pereira Iniciou os estudos de piano erudito aos 5 anos, formando-se no Conservatório Mário de Andrade, em São Paulo, em 1977. Enquanto cursava a Faculdade de Arquitetura vinha procurando parceiros que repartissem com ele a busca por um rock mais elaborado. Em 1978, durante um ensaio de uma das bandas que integrava, conheceu Paulo Ricardo, na época com 16 anos. Conversaram muito e iniciaram uma parceria que durou 25 anos. Fundaram o Aura, com forte influência dos grupos ingleses de rock progressivo. Schiavon se aprofundava no estudo da tecnologia dos sintetizadores e da eletroacústica, formando um trio instrumental composto apenas por teclados, de nome Solaris. Foram feitas poucas apresentações, incluindo uma de muito sucesso na TV Cultura, no programa Fábrica do Som, em 1983. Esgotado o que havia para absorver da área de música eletrônica, Schiavon se voltou para a então iniciante New Wave inglesa, onde despontavam grupos como Duran Duran, Depeche Mode, Ultravox, entre outros que usavam os teclados de maneira bem pop.

Nessa época foi rascunhado o que seria o grupo dos sonhos, com uma elaboração detalhista que não deixava de fora sequer o guarda-roupa. Em home-studio foram compostas as bases do que viria a ser o primeiro álbum do RPM. A fita demo gravada foi recusada pela então CBS, hoje Sony. Sem opções para gravar um disco com esse material, Schiavon se dedicou a trabalhos como tecladista e arranjador de diversos artistas, como a cantora Mae East (ex-Gang 90), enquanto continuava a busca por um guitarrista e um baterista para formar a banda. Com Paulo Ricardo, Fernando Deluqui e Paulo Pagni, o RPM conquistou o Brasil. O primeiro álbum, *Revoluções por Minuto*, vendeu 500 mil cópias. O segundo, *Radio Pirata ao Vivo*, atingiu a inacreditável marca de três milhões de cópias, sendo o disco mais vendido da história até aquele momento. Em seguida veio *RPM (Quatro Coiotes)* que alcançou a marca de 300 mil cópias.

Depois do RPM, Schiavon montou uma banda pop-rock de nome Projeto S. Foi lançado apenas um álbum, com venda de 15 mil cópias, o que na época era considerado bom para um selo independente. Em 1991, o músico assinou com a gravadora Stilleto, especializada em dance music. Foi lançado um single com os vocais divididos entre a cantora Patrícia Coelho e o vocalista Tzaga Silos. Este single, de nome "Alice no País do Espelho" foi muito bem executado nas FMs do segmento, mas com a morte prematura do inglês Lawrence Brennan, aos 40 anos, proprietário da gravadora e amigo do tecladista, Schiavon preferiu interromper as gravações do álbum e encerrou a fase de trabalho com o Projeto S. Em 1992 foi convidado a desenvolver um complexo trabalho de shows ao ar livre, destinado a grandes plateias e com interferência nas cidades, utilizando elementos da arquitetura para projeções e estações de lasers. O projeto durou 2 anos, teve cerca de 40 apresentações por todo o sul do Brasil, de São Paulo ao Rio Grande do Sul, sempre com plateias acima de 10 mil pessoas, culminando com um show em Curitiba, na entrega do restaurado Palácio Avenida, para 50 mil espectadores.

Com o fim desse projeto, passou a se dedicar exclusivamente a seu estúdio, montado em São Paulo desde 1988. Por volta de 1994 começou a trabalhar com o que acabou recebendo o apelido de "fábrica de hits". Foram inúmeras músicas gravadas por dezenas de artistas, tanto consagrados quanto iniciantes. Paralelamente se dedica à criação publicitária, somando mais de 200 jingles e trilhas comerciais nos 3 anos iniciais. Em 1996, a convite de Marcelo Barbosa começa a compor com ele trilhas sonoras para novelas da Rede Globo. A primeira foi "O Rei do Gado", que tem quatro músicas de sua autoria. "O Rei do Gado", com a Orquestra da Terra, "Doce Mistério", com Leandro e Leonardo, e "Pirilume", com João Paulo e Daniel, foram as mais tocadas.

Além deste trabalho como compositor e arranjador, foi responsável pela seleção musical das duas trilhas dessa novela, que chegaram à excepcional vendagem de 4 milhões de cópias, sempre em parceria com Barbosa. A novela seguinte foi "Terra Nostra" (1999). Com a credibilidade obtida com "O Rei do Gado", Schiavon teve total liberdade criativa e escreveu a abertura da novela (além de várias outras canções da trilha), conseguindo ainda a participação da soprano inglesa Charllote Church num dueto com Agnaldo Rayol e participação da London Studio Orchestra. Essa canção se tornou sucesso no Brasil e no exterior, sendo executada em mais de 100 países. Finalmente veio "Esperança" (2002). Mais uma vez foi sucesso com a faixa de abertura — gravada pela primeira vez em quatro línguas, com a participação de Laura Pausini na versão em italiano — e o tema da personagem Nina (Maria Fernanda Candido), "Onde está o meu amor", com o RPM. No final de 2000, convidado por Fernando de Luqui a fazer uma participação especial em um show, Luiz Schiavon começou a alimentar a ideia de retomar o RPM, o que ocorreu no fim de 2001. Em 2003, por questões empresariais, a banda novamente s separou.

No ano seguinte, Schiavon foi convidado a montar uma superbanda para o programa Domingão do Faustão. De 2006 a 2010, assumiu a direção musical do programa. No início de 2011 houve novo reencontro do RPM e Schiavon deixou a Rede Globo para poder se dedicar ao projeto de um novo CD, com todas as canções inéditas e de sua autoria. O lançamento oficial da nova turnê da banda foi no dia 20 de maio, no Credicard Hall, em São Paulo, apresentando as novas canções e os clássicos dos anos 1980. Depois de seis anos com a turnê ELEKTRA, retomou as atividades de estúdio e de produção de CDs e DVDs.

Atualmente, retoma os trabalhos com a banda RPM, que inicia uma turnê com nova formação, e desenvolve projetos de educação musical e integração social de crianças e jovens carentes por meio da música.

Nilton Corazza

Graduado em música pela Universidade São Judas Tadeu, pós-graduado em Marketing e Comunicação Integrada pela Universidade Presbiteriana Mackenzie, jornalista, professor, pianista, arranjador e compositor nas áreas erudita e popular. Foi editor das revistas Home Studio e Teclado & Áudio e gerente de comunicação e marketing de Roland Brasil, Habro, TELEM e Estúdios Quanta.

De formação erudita, trafegou pelo campo popular conciliando as duas linguagens. No campo da música de concerto foi segundo colocado no I Concurso de Execução de Música Erudita Brasileira, realizado pelo Centro de Pesquisas Físicas, Biológicas e Musicais, no ano de 1984, e pianista convidado da Orquestra de Câmara São Paulo Fukuda Ongaku Gakuen, atual Camerata Fukuda, nos anos de 1985 a 1990. Além disso, foi pianista acompanhador dos alunos dos professores Fukuda, Takeda e Carrasqueira, em São Paulo.

Realizou vários recitais como camerista, destacando-se trabalhos com Márcia Cataruzzi (Centro de Música Brasileira) e Paulo Gilberto dos Santos. Aluno de Lina Pires de Campos, logo se tornou seu assistente. Destacam-se cursos realizados com Homero Magalhães, Martine Barret (França) e Georges Hadjinikos (Inglaterra). Estudou violino com Terezinha Schnorrenberg e violoncelo com Klaus Dieter Gogarten. Foi arranjador do quinteto de cordas "Café Concerto" e do quarteto de cordas "Café das Flores".

Foi tecladista da banda de rock progressivo "III Milênio", nos anos de 1992 a 1996, realizando shows pelo Brasil e participando das gravações do 3° CD do grupo. Especializou-se em jazz e bossa nova com o Professor Wilson Curia, de quem se tornou assistente.

Ministrou o 3° Simpósio Nacional de Órgão Eletrônico, em 1992, com o tema "Música e Tecnologia", abordando o uso de computadores, samplers, sintetizadores e sample-players na música, além do protocolo MIDI.

Foi jurado em vários concursos, destacando-se o IV e o V Festivais MINAMI de Órgão Eletrônico, o I Festival TKT de Bandas e o I Expo-Music Fest (festival de bandas da Expomusic, patrocinado pela Francal Eventos). Desenvolveu projetos na composição de trilhas sonoras — destacando-se o programa Universo Espírita No Ar, veiculado pela Rádio Boa Nova (1.450 MHz - AM - SP) — e trabalhos de MPB com as cantoras Maria Rita Brandão Machado e Sandra Yamamoto. Dentre os muitos cursos dos quais participou, destacam-se Música na Televisão (César Camargo Mariano/Hans Donner) e Música na Cidade de São Paulo 1900/1930 (ECA/USP).

Atualmente, é publisher da revista digital Teclas & Afins e proprietário da Markonsult Comunicação Integrada.

Academia do Som

Além de se juntarem para fazer esse livro, os autores estão engajados também em um projeto de educação musical EaD através da página www.academiadosom.com.br, uma plataforma de aprendizagem totalmente online, que oferece uma variedade de cursos voltados para músicos ou qualquer pessoa que queira desenvolver habilidades em gravação, sequenciamento e produção musical em geral. Além da praticidade de poder fazer os cursos em qualquer hora e de qualquer lugar, bastando ter um dispositivo conectado na internet, os alunos terão a oportunidade de estudar faixas clássicas com a orientação direta de profissionais com uma larga história e uma vasta experiência em produção musical.

Contatos

www.academiadosom.com.br
Jobert Gaigher – jobertgaigher@academiadosom.com.br
Jorge Poulsen – jorgepoulsen@academiadosom.com.br
Luiz Schiavon – luizschiavon@academiadosom.com.br
Nilton Corazza – niltoncorazza@academiadosom.com.br